Christiane Eiberger, Heide Hildebrandt

Lehrersprache richtig einsetzen

Trainingsbausteine für eine wirksame Kommunikation in der sonderpädagogischen Förderung

Die Autorinnen:

Christiane Eiberger hat 1985 an der Pädagogischen Hochschule Heidelberg ihr Studium der Sprach- und Lernbehindertenpädagogik und Germanistik abgeschlossen. Neben ihrer Tätigkeit als Lehrerin in der Sprachförderung von Schülern in der Integration arbeitete sie in einer eigenen Praxis mit Kindern und Jugendlichen. Sie ist seit 2007 als Hauptseminarleiterin am Landesinstitut für Lehrerbildung und Schulentwicklung in Hamburg tätig und leitet seit 2010 die Anpassungsqualifizierung „Lehrer aus dem Ausland". Im Rahmen der Lehrerausbildung berät sie Lehrer mit Deutsch als Zweitsprache und führt Seminare zum Training der Lehrersprache durch.

Heide Hildebrandt hat 2003 an der Universität Hamburg ihr sonderpädagogisches Studium in den Fachrichtungen Sprach- und Lernbehindertenpädagogik sowie im Fach Mathematik abgeschlossen. Seit 2005 unterrichtet sie Schüler mit Förderbedarf in den Bereichen Sprache, Lernen sowie emotionale und soziale Entwicklung. Sie arbeitet seit 2010 als Fachrichtungsseminarleiterin im Förderschwerpunkt Sprache und seit 2013 im Förderschwerpunkt LSE (Lernen – Sprache – emotionale und soziale Entwicklung) am Landesinstitut für Lehrerbildung und Schulentwicklung. Im Rahmen der Lehrerausbildung führt sie Seminare zum Training der Lehrersprache durch.

Gedruckt auf umweltbewusst gefertigtem, chlorfrei gebleichtem und alterungsbeständigem Papier.

2. Auflage 2021
© 2014 PERSEN Verlag, Hamburg
AAP Lehrerwelt GmbH
Alle Rechte vorbehalten.

Das Werk als Ganzes sowie in seinen Teilen unterliegt dem deutschen Urheberrecht. Der Erwerber des Werkes ist berechtigt, das Werk als Ganzes oder in seinen Teilen für den eigenen Gebrauch und den Einsatz im Unterricht zu nutzen. Die Nutzung ist nur für den genannten Zweck gestattet, nicht jedoch für einen weiteren kommerziellen Gebrauch, für die Weiterleitung an Dritte oder für die Veröffentlichung im Internet oder in Intranets. Eine über den genannten Zweck hinausgehende Nutzung bedarf in jedem Fall der vorherigen schriftlichen Zustimmung des Verlages.

Sind Internetadressen in diesem Werk angegeben, wurden diese vom Verlag sorgfältig geprüft. Da wir auf die externen Seiten weder inhaltliche noch gestalterische Einflussmöglichkeiten haben, können wir nicht garantieren, dass die Inhalte zu einem späteren Zeitpunkt noch dieselben sind wie zum Zeitpunkt der Drucklegung. Der PERSEN Verlag übernimmt deshalb keine Gewähr für die Aktualität und den Inhalt dieser Internetseiten oder solcher, die mit ihnen verlinkt sind, und schließt jegliche Haftung aus.

Illustrationen: Julia Flasche
Satz: Satzpunkt Ursula Ewert GmbH, Bayreuth

ISBN: 978-3-403-23408-1

www.persen.de

Inhaltsverzeichnis

1. **Vorwort** 4
2. **Annäherung an das Thema** 6
   - 2.1 Was ist Lehrersprache? 6
   - 2.2 An wen richtet sich das Buch? 8
   - 2.3 Welches Ziel verfolgt das Buch? 9
3. **Lehrersprache unter Berücksichtigung sonderpädagogischer Förderung** 12
   - 3.1 Ziele und Aufgabenfelder sonderpädagogischer Förderung 12
   - 3.2 Rolle und Handlungsfelder des Lehrers im Umgang mit förderbedürftigen Schülern 13
   - 3.3 Zusammenhang von Sprache-Lernen und emotionaler und sozialer Entwicklung 16
4. **Instrumente der Lehrersprache im Kontext sonderpädagogischer Förderung** 19
   - 4.1 Vorbemerkung 19
   - 4.2 Verbale Instrumente 20
   - 4.3 Paraverbale Instrumente 22
   - 4.4 Nonverbale Instrumente 24
   - 4.5 Sprachunterstützende Instrumente 28
5. **Einsatz der Lehrersprache in Fördersituationen** 31
   - 5.1 Schlüsselkompetenzen und ihre Bedeutung für die sonderpädagogische Förderung 31
   - 5.2 Beispiele aus klassischen Alltagssituationen 37
   - 5.3 Interventionsstrategien nach Bergsson 45
6. **Trainingskonzept** 47
   - 6.1 Warm-ups 47
     - 6.1.1 Vorbemerkung 47
     - 6.1.2 Trainingsbausteine 47
   - 6.2 Workshops 54
     - 6.2.1 Vorbemerkung 54
     - 6.2.2 Trainingsbausteine 55
7. **Reflexion** 69
   - 7.1 Beobachtungsprotokolle 70
   - 7.2 Ziele 72
8. **Resümee** 74
9. **Literatur zum Thema Lehrersprache** 75

Übersicht Begleit-DVD

Filmsequenzen zu ausgewählten Trainingsbausteinen aus Kapitel 6

① Jetzt geht es los
② Sprache emotional gestalten
③ Führen und folgen
④ Zungenbrecher trainieren
⑤ Eine gute Erklärung
⑥ Wörter speichern
⑦ Geschichte mit Hand und Fuß erzählen
⑧ In ein Thema einsteigen
⑨ Feedback geben

1 Vorwort

Frau K. ist eine erfahrene Sonderpädagogin. Sie bringt viel Erfahrung aus dem Primarbereich mit und arbeitet seit einem halben Jahr mit Schülern[1] aus dem Jahrgang 7 zusammen. Heute präsentieren die Schüler Arbeitsergebnisse in einer Kleingruppe. Frau K. geht von Gruppe zu Gruppe, nickt einem Schüler zu, fasst einen anderen Schüler an der Schulter und lobt viele. Bei einem Schüler verweilt sie länger. Sie erinnert ihn an die Präsentationsregeln und gibt eine Rückmeldung zu seinem Wochenziel: „Du hast die Zuhörer angeguckt und ganz langsam gesprochen. Sehr gut. Wenn du lauter sprichst, können dir alle zuhören." Sie lächelt und spricht ganz freundlich. Der Schüler nickt, sieht zufrieden aus und setzt sich hin. In der Zwischenzeit brüllt Schüler S. in die Klasse. Frau K. gibt ihm eine Rückmeldung, sodass er sich leise murrend, aber durchaus zufrieden auf seinen Platz setzt.

Frau K. ist eine lebendige Lehrerin. Sie kommt schnell mit den Schülern in Kontakt und bietet einen differenzierten und individuellen Unterricht an, in dem jeder Schüler sich angenommen und angesprochen fühlt. Hier macht es Spaß zu lernen.

Doch Frau K. steht vor Herausforderungen, die von alltäglichen Schulsituationen abweichen. In ihrer Klasse. sind Schüler mit und ohne ausgewiesenem Förderbedarf in den Bereichen Lernen, Sprache und emotionale und soziale Entwicklung. Was bedeutet dies für die sprachliche Prozesssteuerung? Welche Instrumente setzt Frau K. im Unterricht spontan ein, um diese Schüler sinnvoll zu fördern und bei all ihren besonderen Lernsituationen zu fordern?

Frau K. fragt sich häufig: „Wie kann ich meine Schüler im Unterricht in schwierigen Situationen spontan-sprachlich unterstützen?"

Lehrersprache als Unterstützungsmöglichkeit in den Förderschwerpunkten Lernen, Sprache sowie emotionale und soziale Entwicklung

In diesem Buch wird an ausgewählten Situationen die besondere Unterstützungsmöglichkeit durch Lehrersprache dargestellt. Dabei soll Lehrersprache als ein bedeutsames Element für eine erfolgreiche Prozesssteuerung im Unterricht unter besonderer Berücksichtigung der Förderschwerpunkte Lernen, Sprache sowie emotionale und soziale Entwicklung in den Blick genommen werden.

Langjährige Erfahrungen der Autorinnen haben gezeigt, wie bedeutsam der Einsatz einer empathischen, bewussten und zielgerichteten Lehrersprache für Schüler unterschiedlicher Förderbedarfe ist. Bei den ausgewählten Situationen handelt es sich gezielt um solche, die für den Schüler besonders schwierig sind und in denen der Lehrer ihm eine Unterstützung durch die Gestaltung seiner Lehrersprache geben kann.

Erfolgreiches Unterrichten steht im Zusammenhang zu den Fähigkeiten der Schüler in den Bereichen Sprache, Lernen und Verhalten. Diese drei Ebenen sind nicht isoliert voneinander zu sehen und werden deshalb immer in Verbindungen miteinander betrachtet.

---

[1] Aus Gründen der besseren Lesbarkeit wird in diesem Buch für „Lehrer und Lehrerin" sowie „Schüler und Schülerin" durchgehend die maskuline Form verwendet.

1. Vorwort

Im ersten Teil des Buches werden die komplexen Instrumente der Lehrersprache im Zusammenhang zu den Förderbedarfen Lernen, Sprache und emotionale und soziale Entwicklung beschrieben und anhand von klassischen Alltagssituationen in ihren besonderen Herausforderungen exemplarisch analysiert. Im zweiten Teil des Buches werden Übungssituationen angeboten, in denen Lehrer ihre eigene Lehrersprache trainieren können.

Durch ein differenziertes und lustvolles Anwenden der komplexen Instrumente der Lehrersprache bekommt der Sonderpädagoge mehr Sicherheit und kann im Unterricht gezielter Unterstützung anbieten.

Wir bedanken uns für die Begleitung, den kritischen Blick und die aktive Mitarbeit beim Filmen.

Danke an:
Edda
Christina Iserhot und ihre Klasse

Danke an die Filmteilnehmer:
Franz Schubert
Alessa Behrend
Michael Abeln
Marie Mährlein
Lena Heßler
Theresa Oberthür
Vitali Zaretski

2 Annäherung an das Thema

2.1 Was ist Lehrersprache?

Was macht Lehrersprache so besonders und wertvoll, dass Schüler in ihrem Lernen, ihrer emotionalen und sozialen Entwicklung sowie ihrer sprachlichen Handlungsfähigkeit gefördert und gefordert werden?

Die Lehrersprache, bezogen auf besondere Förderschwerpunkte, ist eins der wichtigsten Gestaltungselemente, um eine wirksame Unterstützung im Unterricht anzubieten. Ursächlich findet man im Förderschwerpunkt Sprache die Lehrersprache immer schon als sprachförderliche Strategie, um Schülern z. B. ein sprachliches Vorbild zu sein oder durch Modellierungstechniken[2] die Schüler in ihrer Sprache zu unterstützen und herauszufordern.

Aus allgemeinpädagogischer ebenso wie aus sonderpädagogischer Sicht gilt zudem, dass sich der Beziehungsaufbau zu den Schülern über Sprache gestaltet und dass Lernen und Lehren primär über die Sprache stattfindet.

Wenn Schüler im Unterricht gefördert und unterstützt werden sollen, spricht die Lehrersprache bestimmte Schlüsselkompetenzen des Lernens, Verhaltens und der Sprache an.

Im Sinne des kompetenzorientierten Unterrichts[3] ist die Lehrersprache ein bedeutsames Element von Lehr- und Lernprozessen. Einen Arbeitsauftrag zu verstehen stellt z. B. einen Schüler mit Förderbedarf vor besondere Herausforderungen. Die Lehrersprache ist dabei ein wichtiger begleitender Faktor, um die Schüler in ihrem Lernen, ihrer sprachlichen Handlungsfähigkeit und ihrer emotionalen und sozialen Entwicklung zu begleiten und zu unterstützen.

Der Einsatz von Lehrersprache ist facettenreich und kann sehr differenziert erfolgen. Lehrersprache sollte dabei zielgerichtet und reflektiert eingesetzt werden. Hinter dieser Forderung verbergen sich komplexe Anforderungen, die im Unterricht förderlich umgesetzt werden sollen. Was Lehrersprache als Förderinstrument ausmacht und wie man sie außerhalb und innerhalb verschiedener Situationen üben kann, soll in diesem Buch dargestellt werden.

Der im November 2013 überarbeitete Hamburger Referenzrahmen[4] stellt zusammenfassend die basalen Tätigkeiten des Lehrers aus den bundesweiten KMK-Empfehlungen[5] dar. Die Handlungsfelder „personale und sozial-kommunikative Kompetenzen"/„Unterrichten (Lernprozessgestaltung)"/„Erziehen und Beraten" sowie „Diagnostizieren, Beurteilen und Bewerten" stellen sprachlich sowohl allgemeine als auch speziell sonderpädagogische Anforderungen an den Lehrer, die sehr komplex sind.

Einige sprachliche Anforderungen haben wir mit Fokus auf die sprachförderliche Gestaltung des Unterrichts herausgegriffen:

Randnotizen:
- Sprache schafft Beziehung.
- Lernen und Lehren findet primär über Sprache statt.
- Lehrersprache ist ein wichtiger begleitender und unterstützender Faktor für die Entwicklung der Schüler.
- Lehrersprache ist ein Förderinstrument, das zielgerichtet und reflektiert eingesetzt werden sollte.

---

[2] siehe dazu: Eiberger, C./Hildebrandt, H. (2013), Kapitel 4.2.3 „Modellierungstechniken"
[3] Nach Weinert versteht man unter Kompetenzen „die bei Individuen verfügbaren oder durch sie erlernbaren kognitiven Fähigkeiten und Fertigkeiten, um bestimmte Probleme zu lösen, sowie die damit verbundenen motivationalen, volitionalen und sozialen Bereitschaften und Fähigkeiten, um die Problemlösung in variablen Situationen erfolgreich und verantwortungsvoll nutzen zu können." (Weinert (2001), S. 27f.).
[4] Der Hamburger Referenzrahmen zur Ausbildung von Referendaren ist zu finden unter: li.hamburg.de (Stand: November 2013).
[5] siehe: http://www.kmk.org/bildung-schule/allgemeine-bildung/primarstufe.html

2. Annäherung an das Thema

Der / Die Unterrichtende ...
- nimmt die Kompetenzen und Interessen der einzelnen Schüler wahr, schätzt sie wert, [...].
- zeigt Interesse für die Schüler und gibt Begeisterung [...] weiter.
- vereinbart Kommunikationsregeln im Umgang mit Schülern unterschiedlichen Alters, [...] und wendet sie an.
- kann in Konflikten mit und zwischen Schülern, [...] bei der Konfliktlösung unterstützen und die Konfliktursachen klären.
- kann Konflikte [...] benennen, Grenzen ziehen und gemeinsam angemessene Lösungswege entwickeln.
- nutzt Fachbegriffe.
- unterstützt die Entwicklung von sprachlich-kommunikativen Fähigkeiten.
- teilt Lernziele mit, begründet sie und formuliert Kriterien der Zielerreichung.
- stellt Kontakt zur Gruppe und zu den Einzelnen her.
- agiert wertschätzend und respektvoll.
- setzt Mimik, Gestik und Sprache kontextbezogen und auf die unterschiedlichen Kommunikationsbedürfnisse ausgerichtet ein.
- nutzt Konzepte zur Unterstützung von positivem Verhalten, die die emotionale und soziale Entwicklung der Lernenden fördern.
- stärkt das Vertrauen in die eigene Stärke und Handlungsfähigkeit.
- kommuniziert und interagiert situations-, alters- und entwicklungsangemessen und empathisch.
- ist klar, authentisch und berechenbar [...].
- initiiert den Dialog [...].
- gibt [...] Leistungsrückmeldung.
- gibt strukturiert Hinweise zur weiteren Lernentwicklung.
- gibt unterstützende Rückmeldung.

> **Die sprachlichen Anforderungen an Lehrer sind vielfältig.**

Die sonderpädagogische Bildung versteht sich als eine Ergänzung basierend auf den Zielen und Aufgaben der allgemeinpädagogischen Bildung.
„Aufgabe sonderpädagogischer Bildung ist die Förderung in sensorischen, motorischen, kognitiven, sprachlich-kommunikativen, emotionalen und sozialen Entwicklungsbereichen und die Vermittlung spezieller Kompetenzen im Kontext eines Lebens mit Behinderung in den Schwerpunkten Lernen, Sprache, emotionale und soziale Entwicklung, geistige Entwicklung, körperliche und motorische Entwicklung, Sehen, Hören und Kommunikation, Autismus und Krankheit."[6]
Beziehung wird durch Sprache gestaltet. Die Qualität der Kommunikation wird beeinflusst von den kognitiven, sprachlichen und emotionalen und sozialen Fähigkeit und Fertigkeiten der Schüler. Hier kommt der Sonderpädagoge mit seinen differenzierten Unterstützungsmaßnahmen wirksam zum Einsatz. Gezielte Hilfen für ein Unterrichtsgespräch, z. B. durch Vorgaben von Gesprächsregeln und visualisiertem Wortmaterial, können eine Kommunikation zwischen Schülern erfolgreich ermöglichen.
Neben der Unterstützung der Lern- und Verhaltensentwicklung wird durch die Lehrersprache auch die Sprachentwicklung des Schülers gefördert. Sie präsentiert ein „hör- und sehbares" Modell, auf das der Schüler mehrere Stunden am Tag

---
[6] Behörde für Bildung und Sport Hamburg: Sonderpädagogische Bildung, Beratung und Unterstützung. Grundlagen und Hinweise, November 2013, Kapitel 1.2

2. Annäherung an das Thema

> Die Lehrersprache ist ein „hör- und sehbares" Modell, auf das der Schüler mehrere Stunden am Tag zurückgreift, um sich in seinen eigenen sprachlichen Kompetenzen weiterzuentwickeln.

zurückgreift, um sich in seinen eigenen (sprachlichen) Kompetenzen weiterzuentwickeln.

Auf der Grundlage der allgemeinen Handlungsfelder des Unterrichtens „personale und sozial-kommunikative Kompetenzen"/„Unterrichten (Lernprozessgestaltung)"/„Erziehen und Beraten"/„Diagnostizieren, Beurteilen und Bewerten" ergeben sich für den Sonderpädagogen spezielle sprachliche Anforderungen, die sich von den alltäglichen Kommunikationsbedürfnissen eines Lehrers unterscheiden. Der zielorientierte Blick des Sonderpädagogen stellt an die Lehrersprache in diesem Zusammenhang besondere Anforderungen.

Zusammenfassend lässt sich feststellen, dass es eine Lehrersprache gibt, die sich an die Kompetenzen und Förderbedarfe der individuellen Schüler anpassen muss. Sie ist der Schlüssel für eine gute und konstruktive Lernsituation und stellt ein anschauliches Modell zur eigenen Sprachproduktion bereit. Sie ist das Fundament, um Schüler mit den Förderschwerpunkten Lernen, Sprache sowie emotionale und soziale Entwicklung erfolgreich zu unterstützen und herauszufordern.

2.2 An wen richtet sich das Buch?

Das Buch richtet sich an alle Lehrer, die Schüler mit den Förderschwerpunkten Lernen, Sprache und emotionale und soziale Entwicklung unterrichten: Referendare, Berufseinsteiger und erfahrene Lehrer sowie Studenten, die sich mit dem Thema Lehrersprache auseinandersetzen möchten. Es ist nicht gebunden an bestimmte Schulformen, Klassenstufen oder Unterrichtsfächer.

Der zielorientierte, individuelle Einsatz der Lehrersprache basiert auf folgenden Prinzipien:
- Unterrichten ist ein kommunikativer Prozess.
- Sprache (verbal/nonverbal) ist das Haupttransportmittel von Fachwissen.
- Über die Sprache wird Beziehung gestaltet.
- Unterricht ist immer Sprachunterricht.
- Lehrersprache ist ein bedeutsames Gestaltungselement, um die Schüler in ihrer Sprachhandlung, ihrem Lernen sowie ihrer emotionalen und sozialen Entwicklung zu unterstützen.
- Differenzierter Spracheinsatz spricht die Strategien für einen erfolgreichen Lernprozess unbewusst an.

In der Sonderpädagogik richtet sich der Blick neben ganz spezifischen Gestaltungsgrundlagen der Fachrichtungen auf die für alle drei Förderschwerpunkte (Lernen, Sprache, emotionale und soziale Entwicklung) grundsätzlichen Themen:
- Förderung der Soziabilität
- Förderung der Sprache/Kommunikation
- Förderung der Kognition sowie der Emotionalität
- Selbstwirksamkeit erfahrbar machen
- Vertiefung und Erweiterung der diagnostischen Grundlagen
- Umgang mit schwierigen Situationen
- Aufbau fachlicher Beratungskompetenz

2. Annäherung an das Thema

Eine gelungene Förderung erkennt man am deutlichsten an der entsprechenden Schülerreaktion.

Der Sonderpädagoge wird in der Ausübung der verschieden Rollen in diesem Buch differenziert dargestellt. Er unterstützt als Lernprozessbegleiter die Schüler, befindet sich in der Rolle des ausführlichen Erklärers, des Geschichtenerzählers der besonderen Art, des Konfliktberaters in besonders schwierigen Situationen etc. In allen Situationen ist der Lehrer ein differenziertes Modell zum Abschauen vor einer förderbedürftigen heterogenen Zielgruppe.

Dieses Buch richtet sich an alle (angehenden) Lehrer und Studenten, die Lust haben, die Fördermöglichkeiten durch Lehrersprache zu entdecken und deren differenzierten Einsatz zu trainieren. Die Unterstützungsangebote werden dabei so plausibel beschrieben, dass auch der Regelschullehrer im inklusiven Unterricht Lust bekommt, die eine oder andere Maßnahme auszuprobieren

2.3 Welches Ziel verfolgt das Buch?

Um die eigene Lehrersprache im sonderpädagogischen Einsatz zu professionalisieren, bedarf es praktischer Erfahrungsräume. Basierend auf Erfahrungen aus durchgeführten Workshops werden in diesem Buch jedoch exemplarisch Trainingsbausteine angeboten, bei denen klassische Förderinstrumente zum Einsatz kommen. Das sprachliche Handeln soll unter Berücksichtigung des Fördererfolgs reflektiert werden. Wir sprechen also primär von einem Erfahrungs- und Trainingsbuch zur Weiterentwicklung der eigenen verbalen und nonverbalen Lehrersprache im sonderpädagogischen Kontext.

Erfahrung durch Training

Die Förderchancen durch Lehrersprache erschließen sich aus dem individuellen Förderbedarf der Schüler in den Bereichen Lernen, Sprache sowie emotionale und soziale Entwicklung. Um die eigene Sprache differenziert (je nach Förderbedarf der Schüler) und zielorientiert im Unterricht einsetzen zu können, benötigt der Lehrer daher primär Kenntnisse über die Förderinstrumente der Lehrersprache.

Die Sprache des Sonderpädagogen verlangt einen über die allgemeine Unterrichtssprache hinausgehenden Einsatz. Der Lehrer ist gefordert, sich sprachlich neu bzw. erweitert aufzustellen. Dabei ist der Lehrer mit einer Sprache konfrontiert, die er nur im Kontext der sonderpädagogischen Förderung einsetzt. Die Autorinnen sprechen dabei von einer auf den Schüler ausgerichteten sonderpädagogischen Fachsprache. Diese soll mithilfe des Buches erfahrbar gemacht und trainiert werden.

Weiterentwicklung der Unterrichtssprache

Im ersten Teil des Buches wird zunächst die Rolle des Sonderpädagogen im Kontext Schule und den damit verbundenen Aufgaben und Herausforderungen dargestellt. Von diesem Rollenverständnis ausgehend werden dann Fördermaßnahmen im Zusammenhang mit der Lehrersprache abgeleitet. Anschließend werden die Instrumente der Lehrersprache im sonderpädagogischen Kontext näher beschrieben und in typischen Unterrichtssituationen anschaulich dargestellt (Kapitel 4 und

2. Annäherung an das Thema

Förderchancen durch den Einsatz von Lehrersprache

5). Hier soll der Leser einen Eindruck von den Herausforderungen bekommen, die ihm in verschiedenen Kommunikationssituationen begegnen.

In Kapitel 6 werden Übungen vorgestellt, durch die die Förderchancen durch den Einsatz von Lehrersprache erfahrbar gemacht werden sollen. Ein bewusster förderlicher Einsatz in Bezug auf die drei Bereiche Lernen, Sprache und emotionale und soziale Entwicklung kann den Lehrer sonderpädagogisch wirksam werden lassen. Durch die Übungen werden auch neue Verhaltensmuster erlernt und im Einsatz ausprobiert. Der Lehrer stellt sich hier neu auf, indem er eine neue bzw. erweiterte Haltung zu seinem Einsatz der Lehrersprache erfährt.

Die Übungsmöglichkeiten in diesem Buch sind für eine Förderung in klassischen Unterrichtssituationen konzipiert. Trainingsmöglichkeiten bestehen im Unterricht selbst und außerhalb des Unterrichts. Die im Buch dargestellten „Warm-ups" (siehe Kapitel 6.1) und „Workshops" (siehe Kapitel 6.2) sollten in einem „isolierten Raum" außerhalb von Unterricht durchgeführt werden. Sich selbst zu erfahren und andere dabei zu beobachten, ermöglicht gerade außerhalb des eigentlichen schulischen Settings eine lebendige und doch entspannte Umsetzung. So steht das reflexive Erfahrungslernen im Vordergrund. Die Förderchancen können in den Warm-ups unmittelbar nachempfunden werden. Begleitend werden Beobachtungsprotokolle (siehe Kapitel 7.1) zum Festhalten der persönlichen Erfahrungen im differenzierten Einsatz der Lehrersprache im sonderpädagogischen Kontext angeboten. Diese können als Grundlage für eine Portfolioarbeit genutzt werden.

Grenzen im Umgang mit diesem Buch zeigen sich auf, wenn das Training möglichst schnelle und effektive Lösungen bereitstellen soll. Es ist schwer möglich, seine Sprache ohne ausreichenden Raum für Übungen in kurzer Zeit differenziert gestalten zu lernen.

Ziel des Buches: Lehrersprache als Förderinstrument erfahren

Es ist ein primäres Anliegen dieses Buches, einen Blick auf Förderbedarfe und Fördermöglichkeiten zu schärfen und die Lehrersprache als Förderinstrument zu erfahren.

Die Reaktionen von Referendaren nach der Erprobung der beschriebenen Workshops und Warm-ups waren u. a.:

„Ich sehe mich in meiner Sprache neu, viel strukturierter und klarer."

„Jetzt habe ich eine Idee, wie ich mit herausforderndem Schülerverhalten umgehen kann."

„Das probiere ich morgen gleich aus. Dazu habe ich Lust und vor allem habe ich jetzt eine Idee, was ich tun kann."

„Ich wusste ja gar nicht, was ich schon alles mache und was gut läuft. Das tut gut zu wissen."

„Es ist spannend zu erkennen, dass die Kraft in wenigen Worten mit den richtigen Bewegungen liegen kann."

2. Annäherung an das Thema

> „Endlich hatten wir mal Zeit, uns mit uns selbst zu beschäftigen und gleichzeitig etwas für unsere Prozesssteuerung im Unterricht zu tun."

> „Erst die kleinschrittige Anweisung lässt die Schüler wirksam werden."

> „Mir ist viel bewusster, wie ich durch mich selbst die Schüler fördere oder auch hemme."

> „Jetzt will ich unterrichten und alles schnell ausprobieren."

Der differenzierte Einsatz von Lehrersprache kann nicht in Form einer statischen Gestaltung ihr Ende finden. Es ist ein immerwährender Prozess, der durch dieses Buch in Gang gesetzt bzw. vorangebracht werden soll. Kommunikation im schulischen Kontext ist dabei immer als ein Zusammenspiel mit allen individuellen Kommunikationspartnern zu sehen.

3 Lehrersprache unter Berücksichtigung sonderpädagogischer Förderung

3.1 Ziele und Aufgabenfelder sonderpädagogischer Förderung

„Sonderpädagogische Förderung soll das Recht der Kinder und Jugendlichen mit Förderbedarf im Bereich des Lern- und Leistungsverhaltens, insbesondere des schulischen Lernens und des Umgehen-Könnens mit Beeinträchtigungen beim Lernen, Sprechen und in der emotionalen und sozialen Entwicklung auf eine ihren individuellen Möglichkeiten entsprechende schulische Bildung und Erziehung verwirklichen."[7] Laut des Grundlagenpapiers der Behörde für Schule und Berufsbildung Hamburg versteht sich die sonderpädagogische Förderung als Ergänzung zur allgemeinen Pädagogik.

„Auswirkungen von Beeinträchtigungen vor allem in den grundlegenden Bereichen der Lernentwicklung wie Denken, Gedächtnis, sprachliches Handeln, Wahrnehmung, Motorik, Emotionalität und Interaktion werden gemindert und durch Förderung individueller Stärken kompensiert."[8]

Sonderpädagogische Förderung hat die Aufgabe, individuelle Lernwege zu erschließen und Aneignungsweisen von Bildungsinhalten aufzubauen. Besonders das Selbstwertgefühl und Selbstbewusstsein von Schülern mit Förderbedarfen soll gestärkt werden. Dabei ist es wichtig, dass den Schülern eine realistische Einschätzung ihrer individuellen Stärken und Schwächen und ein selbstbewusster Umgang damit ermöglicht wird. Durch diese Zielsetzung wird bereits das Fundament des Einsatzes der Lehrersprache deutlich.

Sonderpädagogische Förderung unterstützt und begleitet die Schüler durch möglichst frühzeitig einsetzende Hilfen. Sie hat den Auftrag, präventiv wirksam zu sein, um den Schüler im Unterricht erfolgreich selbstwirksam tätig werden zu lassen. Dies ist im Lern- und Sprachprozess genauso wichtig wie für die emotionale und soziale Entwicklungsebene.[9]

> Für den Einsatz der Lehrersprache gilt es, die allgemeinen Prinzipien des sonderpädagogischen Handelns zu berücksichtigen. Diese sind:
> - Die Förderung soll so viel wie möglich im Unterricht geschehen.
> - Die Förderung soll sich an den Kompetenzen, Interessen und Neigungen des Schülers orientieren. Dabei gilt der Grundsatz, sich immer an dem nächstmöglichen Entwicklungsschritt zu orientieren.
> - Sonderpädagogische Förderung orientiert sich an den Fähigkeiten und Fertigkeiten (Stärkenorientierung) von Kindern und Jugendlichen. Präventive und aktive Fördermaßnahmen stehen in einem sinnvollen Zusammenhang.
> - Der Schüler sollte so viel wie nötig und so wenig wie möglich Unterstützung erfahren, um in seiner Selbststeuerung bestärkt zu werden.

---

[7] KMK Lernen, S. 3
[8] KMK Lernen, S. 4
[9] Prävention bedeutet vorausschauende Problemvermeidung und zielt auf der ersten Stufe auf die Vermeidung des Auftretens von Störungen, danach auf die Vermeidung des Andauerns von Störungen und schließlich auf das Abwenden von Folgestörungen. Sie ist sowohl Aufgabe der allgemeinen Pädagogik als auch der Sonderpädagogik und ist umso wirkungsvoller, je früher sie einsetzt. Prävention im sonderpädagogischen Bereich zielt durch spezifische Maßnahmen und das Einbeziehen verschiedener Professionen darauf ab, dem Entstehen eines sonderpädagogischen Förderbedarfs entgegenzuwirken oder weitere Auswirkungen eines bereits bestehenden sonderpädagogischen Förderbedarfs zu verhindern. (Zit. Behörde für Schule und Berufsbildung Hamburg: Grundlagen und Hinweise. Sonderpädagogische Bildung, Beratung und Unterstützung, S. 4)

3. Lehrersprache unter Berücksichtigung sonderpädagogischer Förderung

3.2 Rolle und Handlungsfelder des Lehrers im Umgang mit förderbedürftigen Schülern

Sonderpädagogen haben die Aufgabe, Schüler mit Förderbedarfen in ihrer individuellen Handlungsfähigkeit zu erkennen, spezielle Bildungsangebote zu machen, Förderpläne zu entwickeln, Schüler/Kollegen/Eltern bzw. an der Erziehung Beteiligte zu beraten und zu unterstützen, den Unterricht den individuellen Bedürfnissen der Schüler anzupassen sowie diese in ihrer individuellen Handlungsfähigkeit herauszufordern und zu fördern.

die Aufgaben des Sonderpädagogen

In diesem Buch liegt der Fokus auf dem Unterricht, unabhängig von der Institution. Die beschriebenen Rollen und Handlungsfelder beziehen sich somit auf die Unterrichtssituationen und die Fördersituationen. Es geht um den Kontakt zu und mit den Schülern und der Möglichkeit, sie in ihrer Handlungskompetenz durch gezielte Fördermaßnahmen zu fördern und zu fordern.

Schulische Handlungsfelder eines Sonderpädagogen im Einsatz seiner Lehrersprache

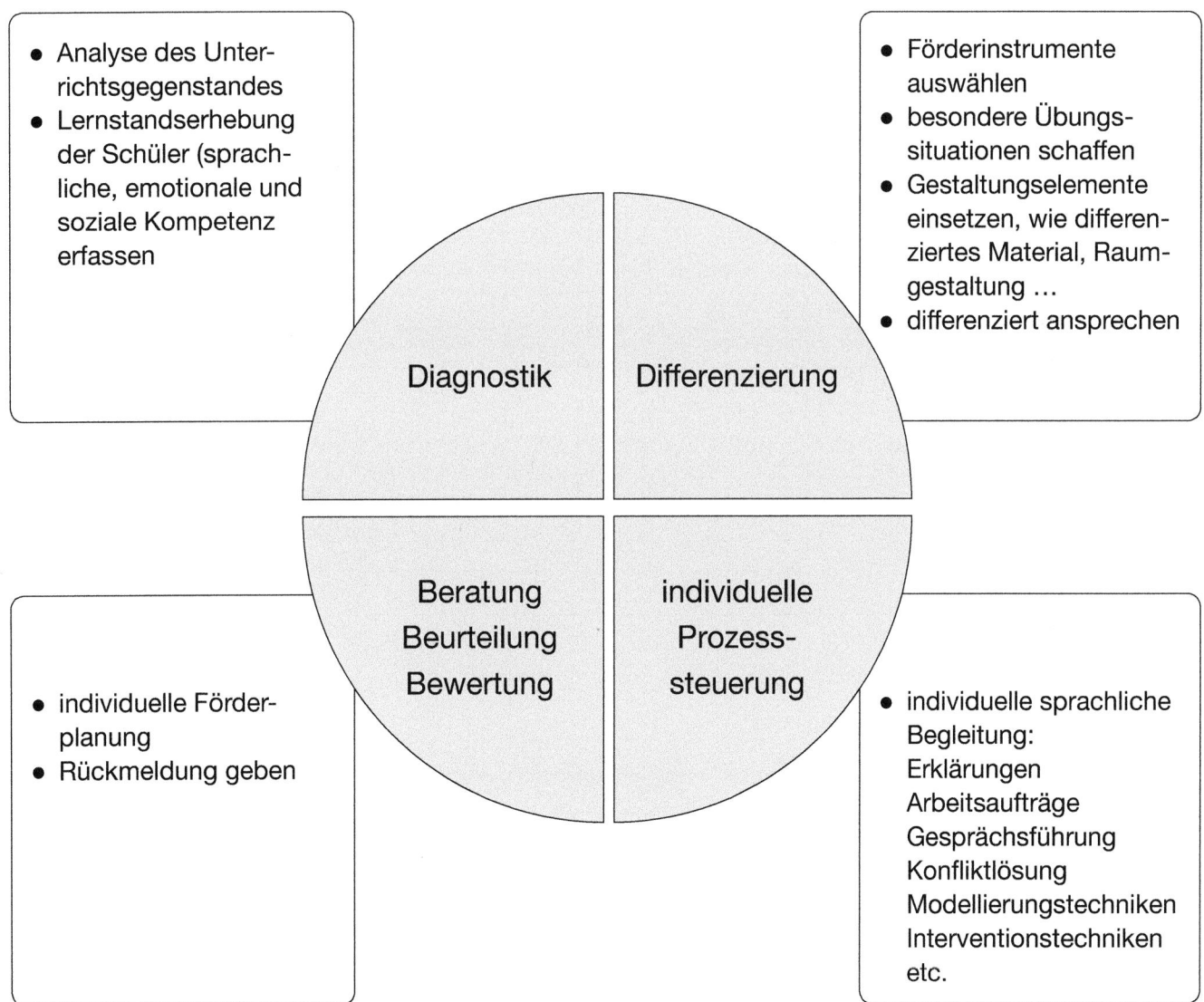

- Analyse des Unterrichtsgegenstandes
- Lernstandserhebung der Schüler (sprachliche, emotionale und soziale Kompetenz erfassen)

- Förderinstrumente auswählen
- besondere Übungssituationen schaffen
- Gestaltungselemente einsetzen, wie differenziertes Material, Raumgestaltung ...
- differenziert ansprechen

Diagnostik | **Differenzierung**

Beratung / Beurteilung / Bewertung | **individuelle Prozesssteuerung**

- individuelle Förderplanung
- Rückmeldung geben

- individuelle sprachliche Begleitung:
  Erklärungen
  Arbeitsaufträge
  Gesprächsführung
  Konfliktlösung
  Modellierungstechniken
  Interventionstechniken
  etc.

Christiane Eiberger / Heide Hildebrandt: Lehrersprache richtig einsetzen
© Persen Verlag

3. Lehrersprache unter Berücksichtigung sonderpädagogischer Förderung

Die Handlungsfelder des Sonderpädagogen sind dadurch gekennzeichnet, eine dem Förderbedarf angepasste Lernumgebung zu schaffen.

Die Handlungsfelder von Sonderpädagogen sind sehr vielschichtig und dadurch gekennzeichnet, eine dem Förderbedarf angepasste Lernumgebung zu ermöglichen, die zu einem individuellen Lernerfolg führt. Der Sonderpädagoge arbeitet mit vielen Personen zusammen: Schülern, Kollegen, Eltern bzw. Erziehungsberechtigten und außerschulischen Einrichtungen.

Handlungsfelder im Zusammenhang mit Lehrersprache

Mit Blick auf den Unterricht lassen sich folgende Handlungsfelder im Zusammenhang mit dem Einsatz der Lehrersprache als Förderinstrument konkretisieren. Dies können z. B. sein:

Der Lehrer ...
- beobachtet die individuellen Lernvoraussetzungen der Schüler und diagnostiziert individuelle Kompetenzen (Lernkompetenz, emotionale und soziale Kompetenz, Sprachhandlungskompetenz, Fachkompetenz). Dabei nimmt er sich selbst sprachlich zurück oder strukturiert Lernsituationen sprachlich vor.
- gestaltet die Lernumgebung so, dass Schüler mit Förderbedarf gezielt unterstützt werden, um individuelle Erfolge zu erzielen (z. B. durch die Vorgabe sprachlicher Formate).
- setzt Methoden zur individuellen Förderung von Schülern ein (z. B. Schriftsprache, markante Gesten).
- schafft schulische Lernangebote orientiert am nächsten Entwicklungsschritt und strukturiert Unterrichtsprozesse entsprechend den individuellen Lern- und Leistungsvermögen (z. B. kleinschrittiges Präsentieren).
- schafft besondere Unterstützungssysteme für ein angstfreies Sprach- und Lernklima (loben).
- schafft Selbstwirksamkeitserfahrungen (lässt Schüler ausprobieren und nimmt sich selbst zurück).
- macht individuelle Sinneserfahrungen möglich (z. B. lässt er ein Wort rhythmisch erfassen).
- setzt Grenzen und unterstützt bei der Einhaltung von Regeln.
- hilft/berät im Sinne der sonderpädagogischen Förderung.
- gibt individuelle Anweisungen entsprechend des individuellen Förderbedarfs.
- setzt Modellierungstechniken ein.[10]
- setzt Loben, Spiegeln und Umlenken als Interventionsstrategie bewusst ein.[11]
- bietet ein Monitoring über das Verhalten, Lernen und die Sprache an.[12]
- reflektiert den individuellen Lernfortschritt.
- nutzt Rituale zur Förderung des Verhaltens, Lernens und der Sprache.
- unterstützt bei der Klärung von Konflikten.
- ...

Innerhalb der vielen Handlungsfelder nimmt der Sonderpädagoge diverse Rollen ein. Diese sind auf den ersten Blick der Rolle des allgemeinen Pädagogen ähnlich. Die Herausforderung für den Sonderpädagogen bei der Ausübung seiner Rolle ist die differenzierte Ausrichtung auf den Förderbedarf des Schülers. Hier wird von

---
[10] siehe Dannenbauer, F. (2006)
[11] siehe Bergsson, M./Luckfiel, H (1998)
[12] Beschreibung Monitoring: siehe Eiberger, C./Hildebrandt, H. (2013), S. 25

3. Lehrersprache unter Berücksichtigung sonderpädagogischer Förderung

ihm eine hohe Individualisierung, spontanes Intervenieren auf unerwartete Verhaltensmuster etc. verlangt. Der diagnostische Blick ist sehr wichtig für die Art und Weise der Umsetzung der Rolle.

Rolle	Beispieltätigkeit in Zusammenhang mit Lehrersprache
	Der Lehrer ...
• Beobachter/Diagnostiker	beobachtet den Schüler prozessbegleitend und führt ggf. als Ergänzung standardisierte Diagnostik durch. Er bietet sprachliche Situationen zur Diagnostik.
• Modell/Vorbild	stellt sich sprachlich unterschiedlich (fast übertrieben) so dar, dass der Schüler die entscheidende Botschaft von ihm abschauen kann.
• Berater	unterstützt den Schüler in einer Unterrichtssituation, indem er die individuell bedeutsamen Hilfen versprachlicht (verbal, nonverbal).
• Lernbegleiter/Lerncoach	verwendet eine bewusst gewählte Sprache, um den Schüler in seiner individuellen Handlungsfähigkeit zu begleiten und zu bestärken.
• Rückmelder	gibt individuell zugeschnittene verbale und nonverbale Rückmeldung.
• Zuhörer	schaut den Schüler beim Sprechen an und wartet ruhig, bis der Schüler ausgesprochen hat. Der Lehrer schaut antlitzgerichtet.
• Bewerter	stellt die individuellen Erfolge eines Schülers, orientiert an seiner Entwicklungsstufe, dar. Er nimmt die allgemeinen Leistungskriterien in den Blick und gleicht sie mit den individuellen Erfolgen ab.
• Unterstützer/Helfer	bietet individuelle sprachliche Hilfen an, präsentiert Inhalte verbal so anschaulich, dass der Schüler sie verstehen und behalten kann.
• Bezugsperson	stellt Beziehung her. Diese definiert sich über die besondere Ansprache und die Bereitstellung spezifischer Hilfen.
• Ansprechpartner	spricht den Schüler differenziert an. Dabei berücksichtigt er die besondere Art der Wahrnehmung/Persönlichkeit des Schülers.
• Ansager	gibt differenzierte sprachliche Anweisungen, die den Schüler z. B. im Hörverstehen unterstützen.
• Informierender	bereitet Informationen unterschiedlich (sprachlich und visuell) auf und sichert das Verstehen von Informationen individuell ab.
• Erklärer	erklärt unter Berücksichtigung der unterschiedlichen Ansprüche im Sprachverstehen (mangelnde Triggerfunktion, Wortschatz ...).

Der Einsatz der Lehrersprache als Förderinstrument setzt sich aus verschiedenen Faktoren zusammen. So ist es von Bedeutung, in welchem Handlungsfeld sich ein Lehrer befindet und welche Rolle er innerhalb des Handlungsfeldes einnimmt.

3. Lehrersprache unter Berücksichtigung sonderpädagogischer Förderung

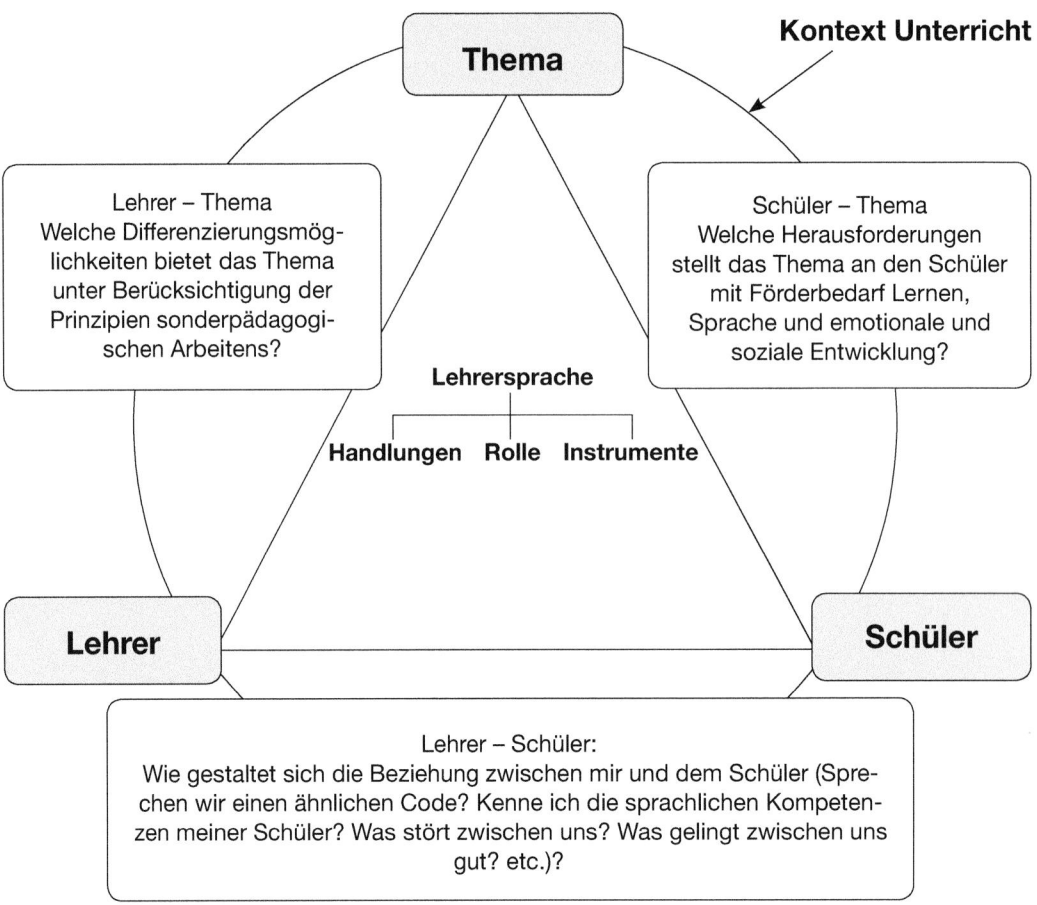

Je nach individueller Situation und individueller sprachlicher Kompetenz der Schüler nutzt der Lehrer verschiedene Instrumente der Lehrersprache, um zu kommunizieren. Diese werden in Kapitel 4 näher dargestellt.

3.3 Zusammenhang von Sprache, Lernen und emotionaler und sozialer Entwicklung

Es ist die Aufgabe des Sonderpädagogen eine barrierefreie Kommunikation im Unterricht zu ermöglichen, sodass allen Schülern ein Bildungszugang ermöglicht wird (vgl. dgs-Positionspapier 2014). Dabei ist es wichtig, die individuellen Schülervoraussetzungen in den Blick zu nehmen. Barrieren müssen erkannt werden, um diese abbauen zu können.

Die drei Förderbereiche Sprache, Lernen und emotionale und soziale Entwicklung werden im Kontext des Buches nicht isoliert gesehen, sondern in einem regulativen Zusammenhang. So verzichten die Autorinnen auf eine Darstellung isolierter Störungsbilder und deren Ursachen, sondern konzentrieren sich auf die klassischen Förderbedarfe im Zusammenhang der drei Dimensionen Lernen, Sprache und emotionale und soziale Entwicklung. Diese Förderbedarfe werden in diesem Buch dreidimensionale Förderbedarfe genannt.

> **Dreidimensionale Förderbedarfe:** Die Förderbereiche Sprache, Lernen und emotionale und soziale Entwicklung werden in einem regulativen Zusammenhang gesehen.

3. Lehrersprache unter Berücksichtigung sonderpädagogischer Förderung

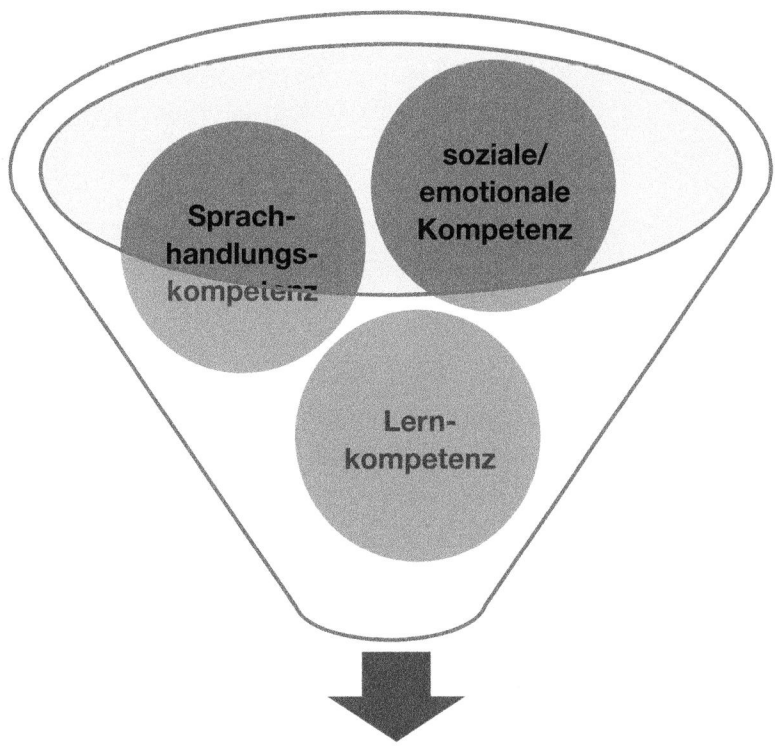

Individuelle Schülerkompetenz

Kenntnisse über die Auswirkungen von Entwicklungsverzögerungen im Bereich der Sprache, des Lernens und der emotionalen und sozialen Entwicklung sind wichtig, um präventiv und gezielt in der Situation wirksam werden zu können.

Eine gelungene sprachliche Begleitung des Schülers im Unterricht verlangt vom Lehrer einen diagnostischen Blick auf alle drei Dimensionen. Um daraus eine zielorientierte Handlungsstrategie ableiten zu können, wird zuerst auf das zentral verursachende Phänomen (**Primärphänomen**) geschaut, um dann im zweiten Schritt die Auswirkungen auf die jeweils anderen beiden Ebenen zu berücksichtigen.
Das individuelle Zusammenspiel zwischen der Sprachhandlungskompetenz des Schülers, seinen kognitiven Lernvoraussetzungen und seinen vorhandenen Kompetenzen im emotional-sozialen Bereich sind entscheidende Parameter für die Art und Weise der Prozessbegleitung durch die Lehrersprache.
Beispiele sollen diesen Ansatz kurz erläutern:

> Frau K. möchte am Montagmorgen mit einem Erzählkreis beginnen. Schüler S. sitzt unruhig auf seinem Stuhl. Als er aufgefordert wird, etwas zu erzählen, spricht er schnell und hastig in kurzen, nicht vollendeten Mehrwortsätzen. Es fällt den Mitschülern und der Lehrerin sehr schwer, ihm zu folgen. Die Klasse wird unruhig und Frau K. bittet ihn, einen anderen Schüler aufzurufen. Schüler S. scharrt mit seinen Füßen, springt ab und zu auf und ruft nicht zum Thema passende Kommentare in die Klasse. Ermahnungen der Lehrerin helfen nicht. Um den Morgenkreis beenden zu können, wird S. an seinen Platz geschickt.

Der Einsatz der Lehrersprache ist abhängig von der Sprachhandlungskompetenz des Schülers, seinen kognitiven Lernvoraussetzungen sowie den emotional-sozialen Kompetenzen.

3. Lehrersprache unter Berücksichtigung sonderpädagogischer Förderung

> Frau K. ist mit der Lösung nicht zufrieden. Spontan fragt sie sich: Wie kann ich S. unterstützen, ruhiger zu sein? Hätte ich S. noch freundlicher ansprechen können, um ihn beim ruhigen Zuhören zu unterstützen? Hätte ich S. sprachlich unterstützen sollen?

Für eine Beantwortung dieser Fragen ist ein Blick auf das Primärphänomen entscheidend.

Die Analyse der Situation stellt verschiedene Primärphänomene und somit auch unterschiedliche Lösungen bereit:

> 1. Der Schüler S. kann sich nicht passend ausdrücken. Er hat zwar einen normal entwickelten passiven Wortschatz, kann diesen aber nicht aktiv abrufen. Auch das Bilden von vollständigen Sätzen ist nicht möglich. So formuliert S. in einer Art Comicsprache, die von seinen Mitschülern nicht verstanden wird.

Die Konsequenz daraus ist eine gezielte Unterstützung der sprachlichen Kompetenz des Schülers durch die Lehrersprache. Sein passiver Wortschatz muss aktiviert werden.

> 2. Schüler S. verfügt über einen ausgezeichneten differenzierten Wortschatz. Er hatte jedoch, wie so oft, ein seelisch belastendes Wochenende, dass er vor lauter Aufregung keinen vollständigen Satz sprechen kann. Er „rettet" sich über ein störendes Verhalten, um seinen Emotionen Luft zu machen und Zuwendung zu bekommen.

Die Konsequenz daraus ist eine gezielte Unterstützung der emotionalen Befindlichkeit durch die Lehrersprache, um den Schüler sozial und kommunikativ wirksam werden zu lassen.

> 3. Schüler S. hat ein Problem, sich zu konzentrieren. Er kann sich auf seine eigenen und die Inhalte seiner Mitschüler nicht konzentrieren und wird dann sehr unruhig.

Die Konsequenz daraus ist eine gezielte Unterstützung seiner Konzentrationsfähigkeit durch die Lehrersprache.

Gehe immer von den Stärken (Fähigkeiten) des Schülers aus und nutze sie, um aus seinen Schwächen Stärken zu machen.

So lauten die Leitfragen für Frau K.: Welche Fähigkeit spreche ich an, damit S. seine Sprache sinnvoll im Stuhlkreis gestalten kann? Welche Fähigkeit spreche ich an, damit S. sich auf den Moment konzentrieren und am Morgenkreis teilnehmen kann? Welche Fähigkeit ermöglicht es ihm, sich auf seine Sprache und das Zuhören zu konzentrieren?

Dabei gilt der sonderpädagogische Grundsatz: Gehe immer von den Stärken (Fähigkeiten) des Schülers aus und nutze sie, um aus den Schwächen Stärken zu machen.

Daraus ergibt sich folgende Fragestellung: Was sind die Fähigkeiten/Stärken des Schülers, die ich mit meiner Lehrersprache ansprechen kann, um ihn zu unterstützen? Dabei wenden wir den Blick auf die Schlüsselkompetenzen (siehe Kapitel 5.1).

Wie die Lehrersprache genau eingesetzt werden kann, um den Schüler S. gezielt zu fördern, wird in den folgenden Kapiteln erläutert.

4 Instrumente der Lehrersprache im Kontext sonderpädagogischer Förderung

4.1 Vorbemerkung

Wirksam werden?
Im Kontext sonderpädagogischer Förderung fordert dieses Ziel besonders heraus. Die Sprache ist das zentrale Medium, das dem Lehrer zur Verfügung steht, um wirksam zu werden.

Der Lehrer trägt seine Sprache bei sich und kann sie spontan einsetzen. Die Herausforderung liegt jedoch darin, sie zur richtigen Zeit über den richtigen Weg am richtigen Ort wirksam werden zu lassen. Ein Lehrer hat durch den Einsatz von diversen Instrumenten der Lehrerssprache die Möglichkeit, je nach Handlungsfeld und Rolle, dem Schüler mit seinen individuellen Kompetenzen und Förderbedarfen zu begegnen. Der Schüler soll in seiner sprachlichen Aktivität (Verstehen und Produzieren) und Selbstreflexion unterstützt werden, um sein individuell gesetztes Ziel verfolgen zu können. So richtet sich der Fokus der Lehrersprache auf die Fragestellung: WIE setze ich meine Sprache ein, um WAS zu erreichen? Um einen Zugang zu einem förderwirksamen Einsatz der Lehrersprache zu bekommen, muss man sich erst einmal mit den Möglichkeiten des WIE auseinanderzusetzen. Im zweiten Schritt können die Förderinstrumente dann in ihren Unterstützungsmöglichkeiten erprobt und eingesetzt werden.
Im sonderpädagogischen Kontext werden die Instrumente als Förderinstrumente bezeichnet.

Hier hat die Sprache eine ganz entscheidende Rolle in allen Handlungsfeldern und in jeder Rolle, die ein Lehrer einnimmt (siehe Kapitel 3.2).
Lehrersprache ist als eine Art „Spiel auf den Instrumenten" zu sehen. Verschiedene Instrumente der Lehrersprache bringen die Kommunikation unterschiedlich zum „Klingen". Erst im Zusammenspiel verschiedener Instrumente (z. B. Stimme, Wortwahl, Mimik, Gestik) kann der Schüler individuell je nach Förderbedarf und Förderbedürfnis begleitet werden. Um dieses „Zusammenspiel" möglichst förderwirksam werden zu lassen, ist es notwendig, dass der Lehrer eine intensive Analyse der Schülervoraussetzungen im Lernen, der Sprache und in der emotionalen und sozialen Entwicklung vornimmt. Parallel dazu muss immer die jeweilige Unterrichtssituation mit dem entsprechenden Unterrichtsgegenstand in den Blick genommen werden. Aus dem Ergebnis dieser Analyse entwickelt sich die konkrete Fördersituation, in der der Lehrer die Instrumente auswählt und differenziert einsetzt. So wird sie zum Förderinstrument, das sich auf die drei Dimensionen (Lernen, Sprache und emotionale und soziale Entwicklung) bezieht.

4. Instrumente der Lehrersprache im Kontext sonderpädagogischer Förderung

Grundsätzlich gilt, dass zur Lehrersprache alle Elemente kommunikativen Verhaltens gehören. Um den Einsatz von Lehrersprache in seiner Komplexität zu verstehen, sich darin zu üben und zu beobachten, werden im Folgenden die signifikanten Instrumente visualisiert und beschrieben.

Instrumente der Lehrersprache

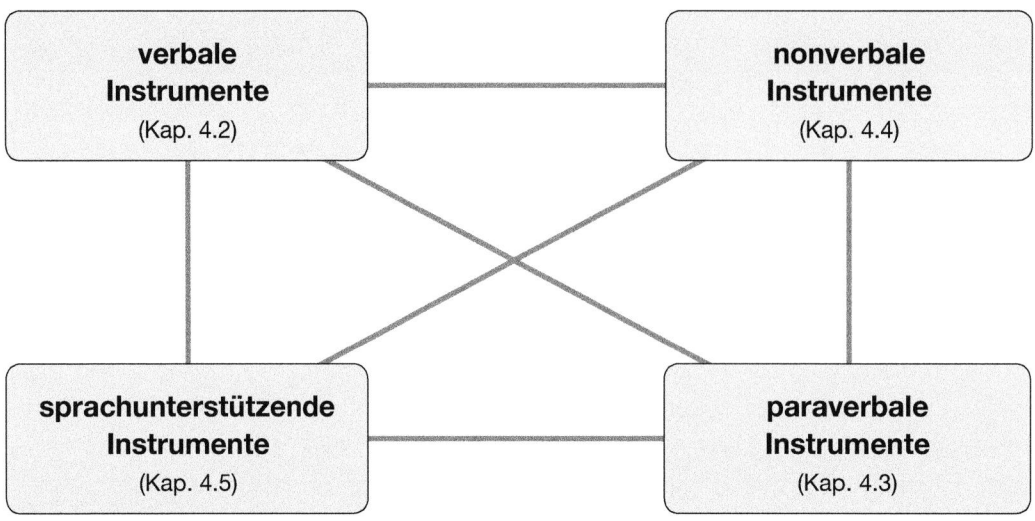

4.2 Verbale Instrumente

Die verbalen Instrumente berühren von den vier Instrumenten am stärksten die sprachlichen und kognitiven Kompetenzen der Schüler.
Verbale Instrumente sind Wortwahl, Satzbau, Artikulation, Struktur und differenzierte Ansprache.

 Die **Wortwahl** kann förderlich sein für:
- das Verstehen und (Re-)Produzieren des gesprochenen Inhalts
- die Gestaltung von Beziehungen (Lehrer – Schüler / Schüler – Schüler)
- die Verankerung von Begriffen

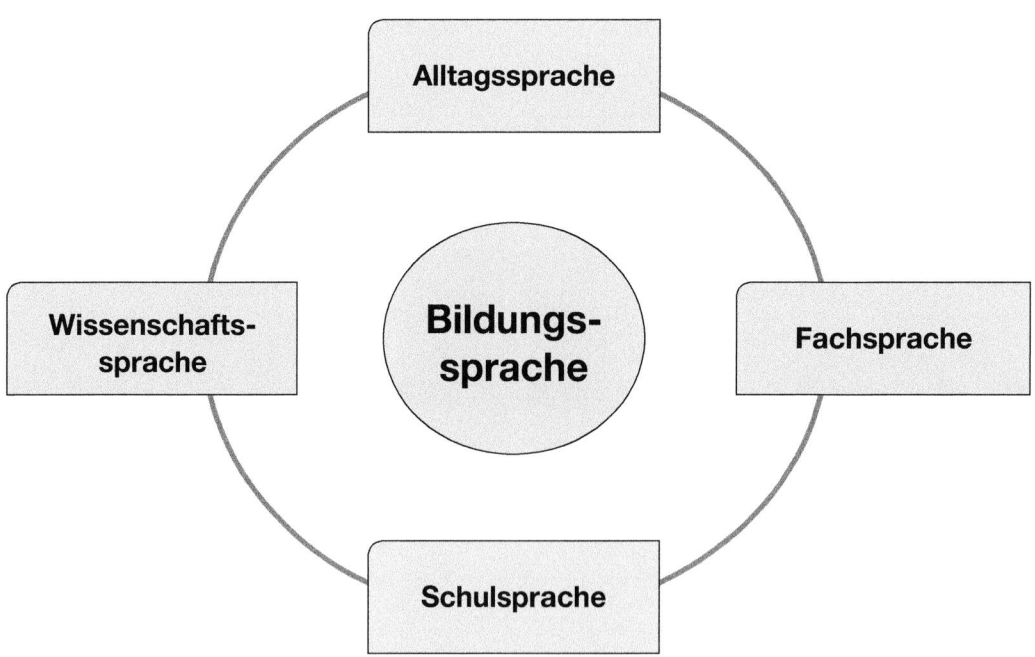

4. Instrumente der Lehrersprache im Kontext sonderpädagogischer Förderung

Die Unterrichtssprache unterscheidet sich von der Alltagssprache. Sie beinhaltet Wörter, die umgangssprachlich nicht unbedingt verwendet werden und nicht allen Schülern bekannt sind. Die noch unbekannten Wörter werden an den sprachlichen Voraussetzungen der Schüler orientiert eingesetzt, sodass alle Schüler diese verstehen, behalten und selbst verwenden können. So sollte sich ein Lehrer bei der eigenen Wortwahl immer die Frage stellen, ob er einen ähnlichen Code wie die Schüler oder einen elaborierten, fachlich angepassten, neuen Code (Bildungssprache) verwendet, z. B.: „Wir wollen die Zahlen zusammenzählen." oder „Wir addieren die Zahlen."

Der **Satzbau** kann förderlich sein für/als:
- das Verstehen von Inhalten
- das Behalten von Inhalten
- das Verständnis und die Akzeptanz von Aufforderungen
- die Motivation, Aufträge umzusetzen
- Vorlage sprachlicher Muster

Kurze und doch komplexe Sätze werden in der Regel besser verstanden und behalten als lange verschachtelte Sätze. Z. B.: „Zuerst liest du Seite 3. Danach markierst du die wichtigen Schlüsselwörter. Am Schluss fasst du den Text mithilfe deiner Schlüsselwörter zusammen." versus: „Für deine Zusammenfassung, die du gleich schreiben sollst und für die du deinen Bleistift, hoffentlich angespitzt, dabeihaben musst, lies bitte Seite 3 und markiere die Schlüsselwörter mit einem gelben Textmarker."
Der Lehrer überdenkt die Art der Satzstruktur und setzt diese je nach individueller Sprachkompetenz des Schülers bzw. der Lerngruppe sowie sprachlicher Zielsetzung unterschiedlich ein. Gerade Schüler mit einer Problematik in der Aufmerksamkeit, aber auch mit einem begrenzten akustischen Wahrnehmungsbereich reagieren äußerst positiv auf kurze eindeutige Anweisungen, die sie schnell behalten und umsetzen können.

Die **Strukturierung der Inhalte** kann förderlich sein für:
- das Nachvollziehen der Inhalte im Kontext
- die Umsetzung von Anweisungen
- das Behalten von Aufträgen
- das Erkennen eines roten Fadens
- das Zuhörverhalten

Ein inhaltlich strukturierter Vortrag oder eine eindeutige kontextbezogene Anweisung kann gut verstanden werden, weil der Schüler diese besser nachvollziehen kann. Gerade in der Präsentation von Ergebnissen oder im Schüler-/Lehrervortrag hilft die Struktur beim Mitdenken und Behalten.

Die **korrekte Artikulation** kann förderlich sein für:
- das akustische Verstehen und Behalten von neuen Fachwörtern
- das korrekte (Nach-)Sprechen von Wörtern
- das Heraushören von Lauten
- das Abschauen von Artikulationsbewegungen

Für einen Schüler mit Förderbedarf im Bereich Sprache ist die Artikulation des Lehrers häufig das einzige Modell, an dem er sich bzgl. seiner eigenen Aussprache orientieren kann.
Entscheidend ist eine deutliche Mundmotorik und Zungenbewegung durch den Lehrer. So können sich Schüler die Mund- und Zungenbewegung abschauen und bekommen eine Orientierung, wie sie Laute und Wörter selbst korrekt produzieren können.

4. Instrumente der Lehrersprache im Kontext sonderpädagogischer Förderung

Das deutliche Artikulieren lässt vor allem auch Schüler mit einer akustisch-auditiven Diskriminierungsschwäche leichter die Laute heraushören. Es wird so die Graphem-Phonem-Zuordnung gefördert. Deutliches Artikulieren kann prinzipiell auch eine erhöhte Aufmerksamkeit beim Zuhören schaffen.

Die **differenzierte Ansprache** kann förderlich sein für:
- das Herstellen von Beziehung zwischen Schüler und Lehrer (Akzeptanz)
- das Motivieren der einzelnen Schüler, an Unterrichtsprozessen aktiv beteiligt zu sein
- das Schaffen einer angstfreien Kommunikation
- das Benennen und Erreichen individueller Ziele
- die Nachahmung

Eine sehr persönliche Ansprache der Schüler schafft Beziehung! Hier kann der Lehrer spielerisch auf Augenhöhe gehen oder sich durch die Ansprache auch Respekt und Achtung verschaffen. Die Differenzierung sollte auf jeden Fall auf den Kontext und die Persönlichkeit des Schülers ausgerichtet sein.
Das Instrument der differenzierten Ansprache einzusetzen, stellt den Lehrer häufig vor eine große Herausforderung und bedarf viel Erfahrung. Eine intensive Analyse des Schülertypus, seines Sprachcodes, aber auch seines gewohnten (Kommunikations-)Verhaltens ist Voraussetzung, um die geeignete Ansprache auszuwählen.

Grundsätzlich gilt, dass eine positive Formulierung zur tatsächlichen Umsetzung führt. Negative Formulierungen werden selten in der Negation verstanden. Das Wort „nicht" wird in den meisten Fällen eliminiert. Z. B.: „Schreibe bitte mit dem Bleistift." impliziert das Ziel, das verfolgt wird, im Gegensatz zu der Aussage: „Schreibe nicht mit dem Füller." Zudem ist der Lehrer durch die Verwendung des Wortes „bitte" ein Vorbild für höfliche Kommunikation für die Schüler, die diesen Begriff in ihren aktiven Wortschatz mit aufnehmen.

4.3 Paraverbale Instrumente

Die paraverbalen Instrumente gestalten und begleiten die verbale Ausdrucksform. Paraverbale Instrumente sind Sprechgeschwindigkeit, Sprechmelodie, Sprechpausen und ökonomischer Einsatz sprachlicher Mittel.

4. Instrumente der Lehrersprache im Kontext sonderpädagogischer Förderung

Die paraverbalen Instrumente stellen gerade für Schüler mit dem Förderschwerpunkt emotionale und soziale Entwicklung große Wirksamkeit bereit. Aber auch die sprachlichen Herausforderungen im Unterricht können mit diesen Instrumenten den Schüler im Verstehen und Produzieren unterstützen. So erreicht der Schüler insgesamt in seiner Lernwirksamkeit erfolgreichere Zuwächse.

Der Einsatz von **Sprechgeschwindigkeit** und **Sprechmelodie** kann förderlich sein für:
- das Zuhören von Gesprochenem / das Verbessern der Hörbereitschaft
- das Schaffen von Aufmerksamkeit/Spannung
- das Behalten von Inhalten
- eine ruhige und mental stärkende Arbeitsatmosphäre
- das Herausarbeiten und -hören von Schlüsselbegriffen
- das Verstehen und Behalten von Begriffen
- die emotionale Befindlichkeit des Hörers

Es ist aus dem autogenen Training bekannt: Durch eine entspannte Melodie und Sprechgeschwindigkeit wird der Schüler in ein insgesamt sensorisch „ruhiges Fahrwasser" gebracht. Dies ist in Konfliktsituation ein zentrales Prinzip, aber auch beim Formulieren von Ansagen, die eine hohe Aufmerksamkeit verlangen. Der Hörer übernimmt zudem nach einer gewissen Zeit die Atmung des Sprechenden und kann so selbst Ruhe finden.

Ein angemessenes Sprechtempo sowie der unterschiedliche Einsatz von Tempi erhöhen die Hörbereitschaft und das Verstehen von Inhalten. Ebenso kann durch den Einsatz beider Instrumente (Sprechgeschwindigkeit und Sprechmelodie) eine emotionale Stimulation stattfinden. Auch beim Stellen von Arbeitsaufträgen oder Erklären wichtiger Wörter ist die Kombination aus beiden Gestaltungselementen von großer Bedeutung.
Mithilfe der Intonation können Konzentrationsschwächen behoben werde, indem der Lehrer stimmlich zur Aufmerksamkeit „ruft". Der Wechsel zwischen langsamen und schnellen Sprechtempi strukturiert die Lehrersprache und kennzeichnet verschiedene Bedeutungen.
Ansagen, Aufforderungen, Wünsche oder Ähnliches können in verschiedenen Formen die individuellen emotionalen Befindlichkeiten bestimmter Schüler positiv beeinflussen.

Der Einsatz von **Sprechpausen** kann förderlich sein für:
- das Fokussieren auf einen bedeutungstragenden Begriff
- die sprachliche Aktivierung von Schülern
- das innere Mitdenken der Schüler
- die Konzentration
- das Schaffen von Aufmerksamkeit

Sprechpausen geben dem Hörer die Möglichkeit zum „inneren Sprechen". Es entsteht eine verbale Lücke, die individuelle Assoziationen erlaubt. Sprechpausen sind ein Strukturierungselement der Sprache. Schüler, die einem fließenden Lehrervortrag nicht folgen können, schalten schnell ab. Macht der Lehrer jedoch beim Sprechen eine unerwartete Pause, fordert er dadurch den Schüler zum Mitdenken und eventuell Ergänzen (passiv oder aktiv) auf. Es ist ein Gestaltungselement, das besonders Schüler mit Förderbedarf immer wieder neu persönlich anspricht und motiviert, in den Inhalt einzusteigen.

4. Instrumente der Lehrersprache im Kontext sonderpädagogischer Förderung

Der **ökonomische Einsatz der sprachlichen Mittel** kann förderlich sein für:
- die Stimmhygiene des Lehrers
- die Kommunikation zwischen Schüler und Lehrer sowie Schüler und Schüler
- die Sprechaktivität der Schüler
- die Reflexion der eigenen Sprache (z. B.: „Ich habe gerade schwimmte gesagt statt geschwommen.")

Eine gute Kommunikation im Unterricht zeigt sich in dialogischen Sprechformen zwischen Lehrern und Schülern sowie Schülern und Schülern. Ein Unterricht, in dem der Lehrer mit dem Schüler zusammen über den Unterrichtsgegenstand spricht, ihn befragt und sprachlich kommentieren lässt, ermöglicht einen effektiven Lernzuwachs. Jeder Unterricht beinhaltet Kommunikation und bietet den Schülern Chancen, diese positiv zu erleben.

Ein Lehrer sollte den eigenen Sprechanteil im Unterricht so gering wie nötig halten, um Schüler an der sprachlichen Gestaltung zu beteiligen. Er sollte angemessen mit seinem „Sprechapparat" umgehen. Über einen bestimmten Geräuschpegel hinaus noch zu sprechen oder bei Unverständnis von Anweisungen immer weiter verbale Kommentare anzuhängen, ist nicht zielführend. So ist der zusätzliche Einsatz nicht sprachlicher Instrumente notwendig und effektiv.

Das Sprechen über den Lernprozess ist gerade für Schüler mit Förderbedarf Lernen, Sprache und emotionale und soziale Entwicklung besonders schwierig, kann jedoch mit Unterstützung gelingen und damit die Selbstwirksamkeit des Schülers stärken.

Ein Schüler fühlt sich in der eigenen sprachlichen Aktivität wertgeschätzt und motiviert, wenn er als gleichberechtigter Sprech- und damit auch Teampartner agiert. Jedes Wort, das der Lehrer dem Schüler abnimmt, obwohl dieser es alleine sprechen kann, verschenkt eine Förderchance!

Eine ökonomische Mischung in der sprachlichen Begleitung nach dem Grundsatz „so wenig wie möglich – so viel wie nötig" verlangt, wie anfangs erwähnt, eine ausführliche Analyse der individuellen Lernausgangssituation sowie der sprachlichen Anforderungen. Eine Überforderung im selbstständigen Sprechen ohne Hilfen kann einen Schüler frustrieren, eine Unterforderung lässt ihn aus dem Prozess aussteigen.

4.4 Nonverbale Instrumente

Die Bedeutung nonverbaler Instrumente für das Sprachverstehen ist sehr hoch. Durch den Einsatz nonverbaler Instrumente bekommt das Gesprochene erst seine Bedeutung und sie unterstützen das Verstehen.

Es kann aber auch vorkommen, dass gehörte Inhalte im Widerspruch zu dem Gesehenen stehen. Daraus können sich unter Umständen Konflikte zwischen den Kommunikationspartnern ergeben bzw. der Schüler kann das von ihm Aufgenommene nicht richtig einordnen. Eine Schwierigkeit besteht zudem darin, dass in unterschiedlichen Kulturen nonverbale Signale unterschiedliche Deutungen haben. Ebenso kann auch innerhalb einer Kultur der Einsatz von nonverbalen Instrumenten mit unterschiedlicher Zielsetzung geschehen. Bei Schülern mit dem Förderschwerpunkt emotionale und soziale Entwicklung kommt noch eine weitere Herausforderung hinzu, denn sie kompensieren ihre seelischen Probleme häufig über nonverbale Kommunikation (z. B. unpassende Mimik, aggressive Gesten, verschlossene Gesten, kein Blickkontakt).

Für eine gelungene Kommunikation ist es sehr wichtig, dass sich Kommunikationspartner erst kennen, um die Signale des Nonverbalen richtig zu verstehen. Zu beobachten ist dies im Prozess des intensiven Kennenlernens in alltäglichen Situationen: Fremde Kommunikationspartner schauen sich beim Sprechen intensiver an. Sie benötigen ihre Beobachtung, um den „Fremden" richtig zu verstehen. Dieses wird nicht

4. Instrumente der Lehrersprache im Kontext sonderpädagogischer Förderung

mehr so aktiv praktiziert, wenn Menschen sich schon gut kennen. Schüler müssen sich auch erst auf neue Kommunikationspartner einstellen. Ein neuer Lehrer sollte sich folglich aktiver vor seiner Lerngruppe präsentieren als ein bekannter Klassenlehrer. Versäumt es ein Lehrer, sich in der ersten Kennenlernphase intensiv in seiner Ausdrucksform bekannt zu machen, hat er es schwerer, die Aufmerksamkeit seiner Schüler für den Unterrichtsgegenstand zu gewinnen. Eine antlitzgerichtete Kommunikation ist dabei ein wichtiges Prinzip, um dieses den Schülern zu ermöglichen.

Nonverbale Instrumente sind Mimik, Gestik, Körperhaltung, Positionierung und Status.

Die **Mimik** kann förderlich sein für:
- die Sinnentnahme einer Botschaft
- das Senden und Verstehen von Emotionen
- die Bildung von Konnotation (Assoziation)
- das Verstehen von Feedback

Schüler mit Förderbedarf zeigen häufig eine paradoxe Mimik (gegensätzliche Botschaften: Lachen statt ängstlicher Blick). So deuten sie häufig auch die Mimik des anderen falsch. Durch das bewusste Hinweisen auf die passende Mimik oder das Abschauen beim Lehrer können neue Erfahrungen gemacht werden.
Beherrscht der Schüler das richtige Deuten und Einsetzen der Mimik, verfügt er über eine wichtige Sprachkompetenz.

4. Instrumente der Lehrersprache im Kontext sonderpädagogischer Förderung

Die **Gestik** kann förderlich sein für:
- die Inhaltsgestaltung
- das Schaffen von Beziehungen (Nähe/Distanz)
- das Verstehen von Aussagen
- das Sprachverständnis
- die Annahme von Aufforderungen
- das Speichern von Wörtern (motorischer Cue[13])

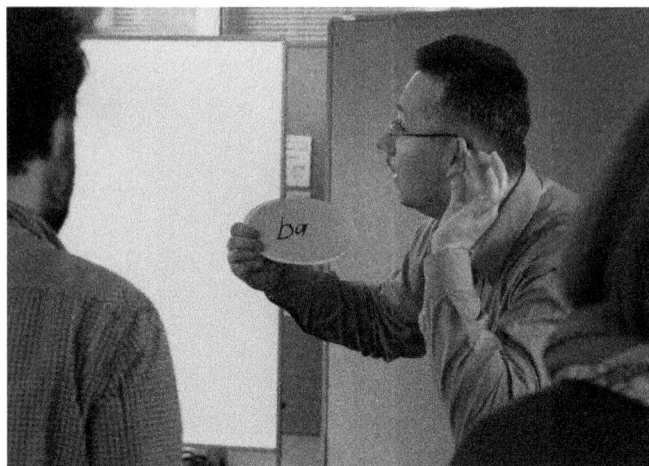 

Gerade Schüler mit einem Förderbedarf können über die Gestik in ihren Emotionen leichter angesprochen werden als allein durch Verbalsprache. Es muss hier jedoch vorsichtig und umsichtig auf der Grundlage der Vorerfahrungen agiert werden. Nicht jede Geste wird richtig verstanden. Sie muss zum Teil neu eingeführt und konnotiert werden. Häufige Missverständnisse auch unter Schülern resultieren aus Fehlinterpretationen der nonverbalen Gesten. Ein bewusster Einsatz von sprachhandlungsbegleitenden Gesten lässt diese eindeutiger werden. Eine immer wiederkehrende Geste zu einem passenden Fachwort oder Bildungswort lässt den Schüler schnell das Wort verstehen und speichern. Er kann sich aber auch selbst beim Sprechen dieser Geste bedienen und sich so in seiner Ausdrucksfähigkeit stärken. Auch der phonologische Prozess kann über Gesten unterstützt werden.

Die **Körperhaltung** kann förderlich sein für:
- den Ausdruck der eigenen Emotionen
- die Spiegelung von anderen Emotionen
- das Deutlichmachen des Lehrerstatus
- die Stärkung der Motivation des Schülers
- die Erweiterung der Präsentationskompetenz des Schüles/Lehrers

---

[13] Cue: siehe Eiberger, C./ Hildebrandt, H. (2013), Seite 25

4. Instrumente der Lehrersprache im Kontext sonderpädagogischer Förderung

Schüler und Lehrer benutzen den Einsatz ihrer Körperhaltung häufig unbewusst. Um die Förderchancen hier noch gezielter einzusetzen, ist es wichtig, sich der Wirkung bewusst zu werden. Schüler schauen die Körperhaltung des Lehrers sehr genau an und spiegeln ihm diese Wirkung sofort. Ein Lehrer, der sich körperlich passend zur Situation verhält, könnte sich auch ohne Worte durchsetzen. Er verschafft sich über diesen Weg Respekt und Aufmerksamkeit, kann aber auch Schutz und Wärme senden.
So stellen ausgebreitete Arme einen allumfangenden Schutz dar, verschränkte Arme deuten auf Abgrenzungen hin.

 Die **Positionierung** kann förderlich sein für:
- die Gestaltung der nonverbalen Instrumente im Raum
- die Erhöhung der Aufmerksamkeit
- die Unterstützung der Selbststeuerung

Der Lehrer kann sitzen, stehen, aber auch langsam gehen oder hastig auf einen Schüler zugehen. All diese Gestaltungselemente setzen inhaltliche Akzente und beeinflussen die Botschaft des Lehrers. Sie sind wesentlich dafür verantwortlich, wie ein Schüler spontan reagiert. Bekommt er Mut oder wird er ängstlich?
Spricht der Lehrer hinter einem Schüler, hat dieser zwar nicht die Möglichkeit, nonverbale Elemente zu erkennen, konzentriert sich aber auf das gesprochene Wort.

4. Instrumente der Lehrersprache im Kontext sonderpädagogischer Förderung

Menschen beziehen immer „Stellung", wenn sie in Kontakt treten. Durch die Positionierung, die Art und Weise der Kopf- und Körperhaltung, die Stellung der Beine und Füße und den Einsatz der Mimik (Intensität des Blickkontaktes, Mundhaltung) und Gestik (Hände, Haltung der Arme) kennzeichnet der Lehrer seinen Status. In der klassischen Literatur findet man dies unter der Bezeichnung Hoch- und Tiefstatus[14]. Die Kommunikationspartner nehmen im Unterricht einen Hoch- und Tiefstatus in wechselnder Form ein. Diese werden durch bestimmte Verhaltensmuster dargestellt, wie z. B.:

Hochstatus	Tiefstatus
langsame, ruhige Bewegung wenige Bewegungen entspannt schreiten	schnelle, hektische Bewegungen viele kleine Bewegungen schüchterne, verzagte Bewegungen
den ganzen Stuhl benutzen aufgerichtet, offen sitzen Blickkontakt halten	auf der Sitzkante sitzen sich auf dem Stuhl kleinmachen Blick immer wieder abwenden und zuwenden / Blick weicht dem anderen aus

Diese Beispiele sind den Tabellen von Plath (2010), S. 65–67 entnommen. Ob die genannten Verhaltensmuster tatsächlich einen Hoch- oder Tiefstatus ausdrücken, hängt natürlich von der Situation, der Persönlichkeit und dem Kommunikationsinhalt ab.

Durch die Einnahme eines Hoch- oder Tiefstatus können Lern- und Verhaltensprozesse von Schülern maßgeblich beeinflusst werden.

4.5 Sprachunterstützende Instrumente

Wenn Lehrersprache allein nicht ausreicht oder ein anderer Zugang als Sprache für Schüler notwendig ist, kann man sich sprachunterstützender Instrumente bedienen.[15]
Sprachunterstützung richtet sich in diesem Kontext auf das Element der Förderung. Wir unterstützen mit diesen Instrumenten die Schüler in ihren Förderbedarfen Lernen, Sprache und emotionale und soziale Entwicklung. Das heißt, dass die Instrumente sehr differenziert und individualisiert aufbereitet werden müssen.
Sprachunterstützende Instrumente sind Medien und Schriftsprache.

Medien können förderlich sein für:
- die Unterstützung des Sprachverstehens
- die Aktivierung anderer Sinneszugänge
- das Wecken von Emotionen
- die sprachliche Aktivität der Schüler
- die Zurücknahme der Lehrersprache (siehe ökonomischer Einsatz sprachlicher Mittel)

---

[14] Eine genaue Beschreibung und Auseinandersetzung mit Hoch- und Tiefstatus ist bei Plath (2010) zu finden.
[15] Die sprachunterstützenden Instrumente können in den späteren Übungen (vgl. Kapitel 6.1 und 6.2) verwendet werden. Zentrales Anliegen des Buches ist es jedoch, die verbalen, nonverbalen und paraverbalen Instrumente auszuprobieren und sein sprachliches Verhalten zu reflektieren und zu erweitern.

4. Instrumente der Lehrersprache im Kontext sonderpädagogischer Förderung

Nonverbale und verbale Instrumente können durch Medien unterstützt oder ersetzt werden. Eine musikalische Begleitung kann häufig die Emotionen der Schüler positiv verstärken. Auch Anweisungen können durch Musik unterstützt und ersetzt werden (z. B.: Aufräummusik). Requisiten und Grafiken/Piktogramme können zur Sprache hinzugezogen werden, um Inhalte deutlicher darzustellen. Piktogramme fördern das Verstehen und fordern gleichzeitig zum strukturierten Wortabruf auf. Durch die Struktur einer Grafik (Visualisierung) bietet man dem Schüler mit Förderbedarf Lernen eine Möglichkeit der Verankerung von Lerninhalten. Regeln können durch eine Visualisierung immer wieder abgerufen werden. So ist die Lehrersprache im Bild festgehalten und immer wieder abrufbar.

 **Schriftsprache** kann förderlich sein für:
- die Zurücknahme der Lehrersprache
- die sprachliche Aktivierung der Schüler
- das Abrufen von wichtigen Lerninhalten, da diese individuell sprachförderlich aufbereitet werden können
- die Verdeutlichung verschiedener Sprachcodes (siehe Wortwahl, Kapitel 4.2)

4. Instrumente der Lehrersprache im Kontext sonderpädagogischer Förderung

Die Bedeutung der Schriftsprache wird dem Schüler durch die isolierte Anwendung (getrennt von der aktiven Lehrersprache) deutlich. In der Schriftsprache kann man die individuellen Förderziele markieren, aufbereiten und jederzeit als Feedbackinstrument benutzen. Sprachliche Marken (Cues[16]) machen es möglich, dem Kind den Zugriff auf das entscheidende Wort zu erleichtern. Cues sollten für Schüler mit Förderbedarf Lernen und Sprache individuell eingesetzt werden (z. B. Bilder, Gegenstände, Symbole), sodass leichtere Zugänge zu komplexen Lerninhalten möglich sind.

Schriftsprache bietet eine sprachlich vollständige Vorlage, die der Schüler individuell nutzen kann. Die Schriftsprache kann das verbale Instrument ersetzen.

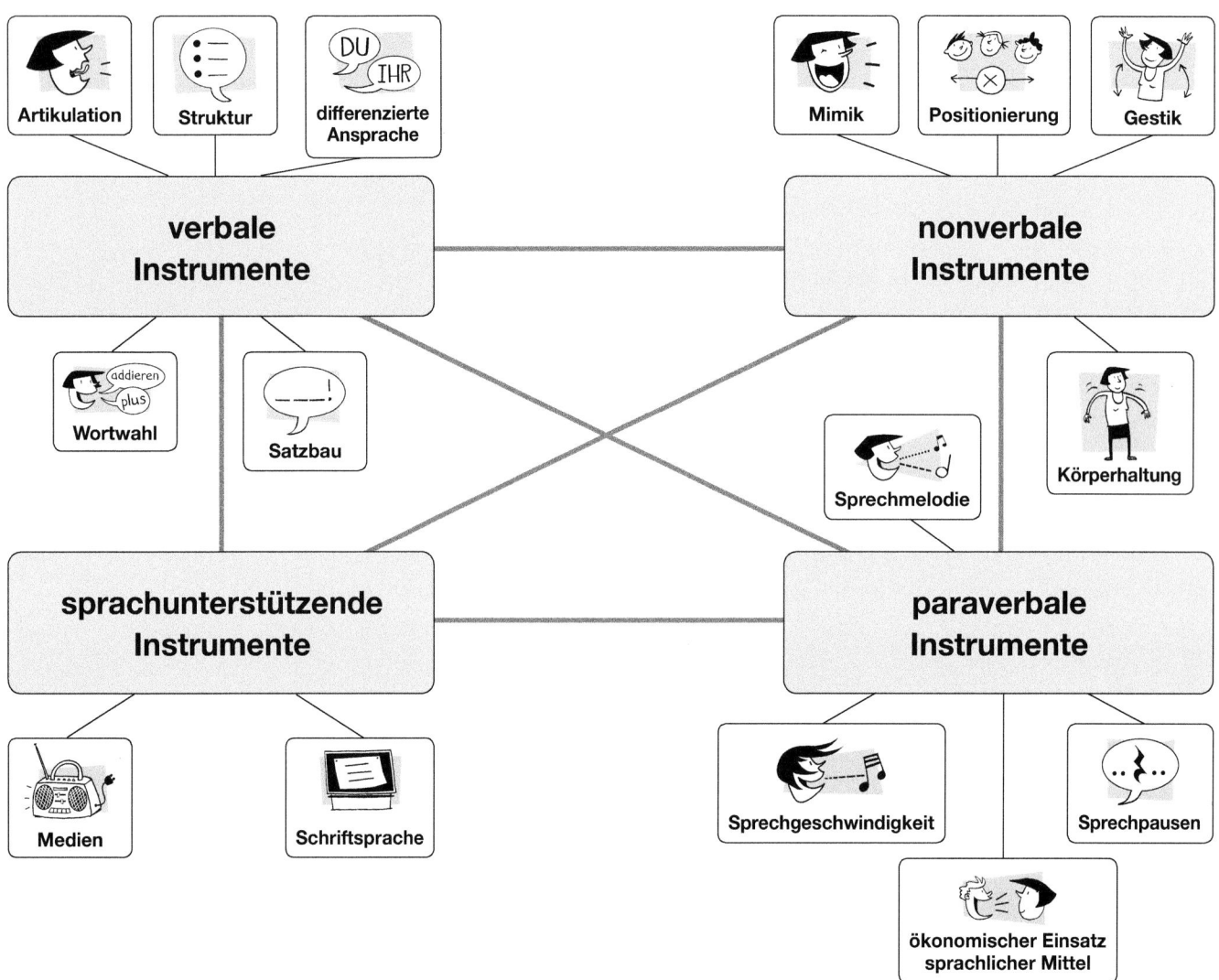

---

[16] siehe Glück, W. Chr.: Kindliche Wortfindungsstörungen. Ein Bericht des aktuellen Erkenntnisstandes zu Grundlagen, Diagnostik und Therapie, 2., durchgesehene Auflage, Frankfurt am Main 2000, S. 241–257

5 Einsatz der Lehrersprache in Fördersituationen

5.1 Schlüsselkompetenzen und ihre Bedeutung für die sonderpädagogische Förderung

Schlüsselkompetenzen werden als Strategien bezeichnet, die basale Fähigkeiten entwickeln lassen. Die hier dargestellten Schlüsselkompetenzen beeinflussen die Entwicklung der drei Dimensionen Sprache, Lernen und emotionale und soziale Entwicklung. Sie sind Ursache für Förderbedarfe von Schülern und werden in sonderpädagogischen Diagnoseverfahren überprüft. So ist es wichtig, die vorhandenen Stärken in den Schlüsselkompetenzen zu nutzen, um die vorhandenen Schwächen kompensatorisch zu fördern. Welche Bedeutung hat dies für den Einsatz der Lehrersprache?

Im Folgenden werden die bedeutsamsten Schlüsselkompetenzen der Sprach- und Lernentwicklung sowie der Entwicklung emotionaler und sozialer Kompetenzen vorgestellt, auf die die Lehrersprache Einfluss nehmen kann. Anhand von Leitfragen sollen die entsprechenden Schlüsselkompetenzen im Unterricht erst einmal erkannt sowie die Bedeutung für den Unterricht herausgestellt werden. Mögliche Probleme werden aufgezeigt, aus denen konkrete Fördermöglichkeiten abgeleitet werden. **Die Lehrersprache ist hier das zentrale Förderinstrument und spricht dabei die Schlüsselkompetenzen gezielt an.** Die Schlüsselkompetenzen sind Strategien, die mehr oder weniger jeder Dimension zugehörig sind.

Schlüsselkompetenzen der Sprach- und Lernentwicklung sowie der Entwicklung der Soziabilität und Emotionalität im Zusammenhang mit Lehrersprache:

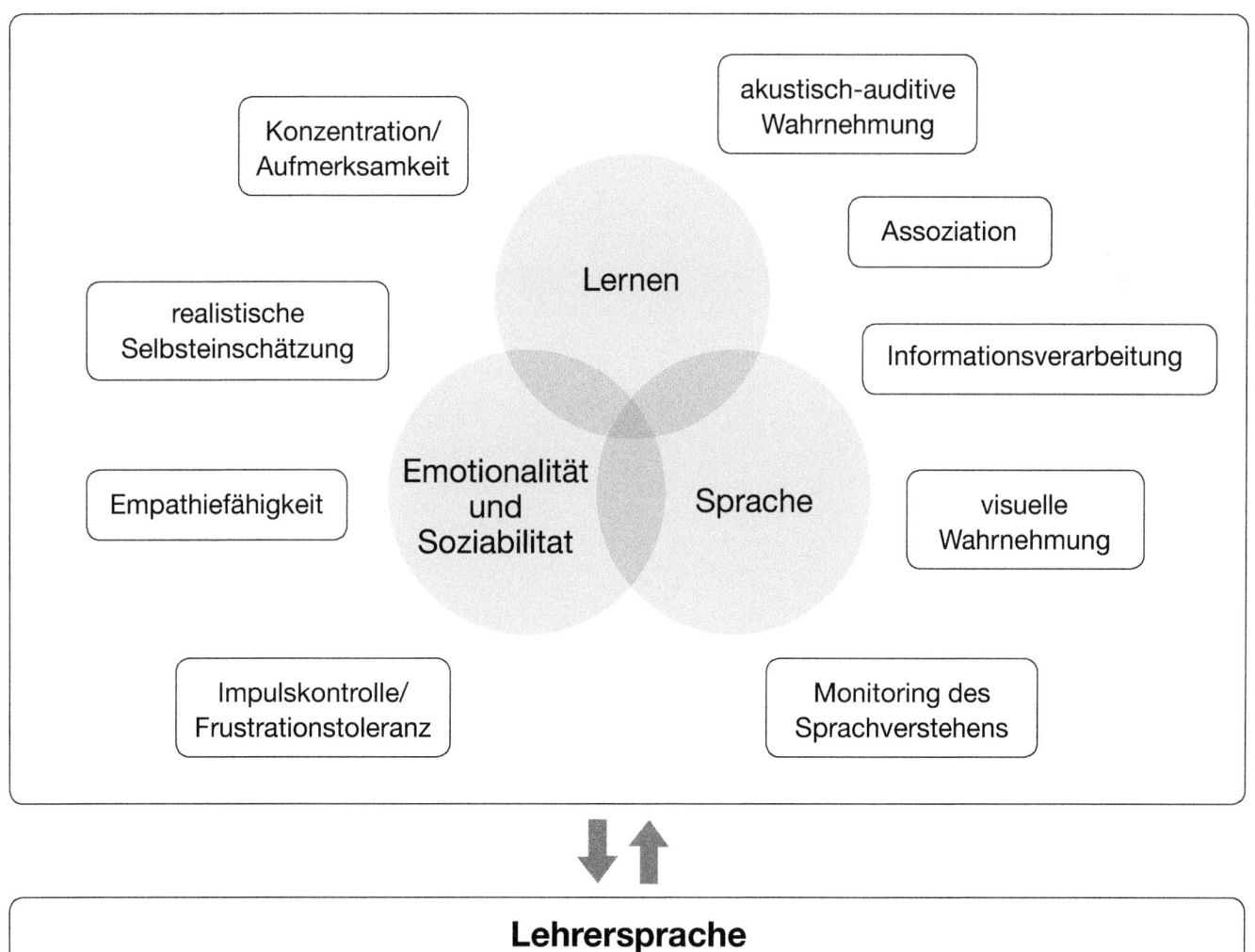

5. Einsatz der Lehrersprache in Fördersituationen

Konzentration/Aufmerksamkeit

Beispiele für Leitfragen zur Beobachtung von Schülern:
- Wie lange arbeitet der Schüler konzentriert an einer Aufgabe?
- Kann der Schüler einem Gespräch/Arbeitsauftrag inhaltlich folgen?
- Ist der Schüler bei einer Einzelarbeit ganz auf die Arbeit gerichtet oder lenkt er seinen Blick / seine Aufmerksamkeit schnell auf anderes?
- Ist der Schüler im Erzählkreis auf den Sprecher fokussiert, sitzt leise am Platz und hört gut zu?

Bedeutung im Kontext Unterricht:
- Alle Denkprozesse werden von der Schlüsselkompetenz Konzentration/Aufmerksamkeit beeinflusst.
- Sie ist bedeutsam für die Teilnahme an einem Gespräch. Man muss sich auf sein Gegenüber konzentrieren, um Inhalte zu erfassen und um sich angemessen auf Themen beziehen zu können.
- Bei allen Gruppenprozessen bedarf es der Aufmerksamkeit und Konzentration, um als Individuum erfolgreich in einer Gruppe zu agieren.
- Beeinflusst wird die Schlüsselkompetenz Konzentration/Aufmerksamkeit von der Motivation.

Bei Problemen führt es z. B. zum:
- Nichtumsetzen von Arbeitsaufträgen
- Nichtbehalten von und Nichtfolgen auf Anweisungen
- unruhigen Zuhören und zu unpassenden Beiträgen, z. B. im Morgenkreis
- Verlust von Lernbegeisterung
- Stören von Unterrichtsprozessen, indem Schüler z. B. das Nicht-konzentrieren-Können durch motorische Unruhe kompensieren

Fördermöglichkeiten:
- Durch motivierende Zugänge werden die Bereitschaft zur Aufmerksamkeit und das Konzentrationsvermögen erhöht. Schüler können zwar über Themen und Aktivitäten, vor allem auch über den Lehrer selbst motiviert werden. Zum Beispiel kann ein Lehrer ein trockenes Thema spannend, humorvoll und lustig anbieten. Die Sprechmelodie, der Einsatz von Sprechpausen sowie der Einsatz von Gestik und Mimik sind hier bedeutsam.
- Sprachliche Rhythmisierung hilft, sich auf die entscheidenden Inhalte zu konzentrieren.
- individuell gestellte Arbeitsaufträge
- DU-orientierte Ansprache mit Blickkontakt
- Arbeitsaufträge werden nonverbal oder mit Material begleitet.
- Lehrer-Redeanteil zugunsten der Schüleraktivierung zurücknehmen

Realistische Selbsteinschätzung

Beispiele für Leitfragen zur Beobachtung von Schülern:
- Detaillierte Fragen hängen vom Kontext ab:
  - Was hat der Schüler heute gut gemacht und woran hat er das gesehen?
  - Was möchte der Schüler noch lernen und was braucht er dazu?
  - Wie viel Zeit braucht der Schüler noch, um …?
  - …
- Schätzt der Schüler sich mithilfe von Checklisten ähnlich ein wie ich als sein Lehrer?
- Kann der Schüler Sätze verwenden wie: Darin habe ich mich verbessert. / Das habe ich gut gemacht. / Das möchte ich noch lernen. / Das fällt mir schwer.
- Wie verhält sich der Schüler beim Klären eines Streits: Was hast DU gemacht? / Was habe ICH gemacht?

5. Einsatz der Lehrersprache in Fördersituationen

Bedeutung im Kontext Unterricht:
- Die Schlüsselkompetenz realistische Selbsteinschätzung ist bedeutsam für das eigenständige, individualisierte Arbeiten und die Entwicklung des Lernverhaltens im Unterricht.
- Im Dialog zwischen dem Lehrer und dem Schüler erfährt die Selbst-/Fremdeinschätzung eine Spiegelung. Wenn der Lehrer dem Schüler seine Wahrnehmung spiegelt, der Schüler sich aber selbst anders wahrnimmt, kann nur schwer eine ertragreiche Vermittlung stattfinden. Dies gilt genauso für das Loben und Kritisieren.
- Eine realistische Selbsteinschätzung ist wichtig für kooperative Prozesse, da die eigene soziale und kognitive Leistung in der Gruppe gesehen, eingebracht und reflektiert werden muss.

Bei Problemen führt es z. B. zu:
- Barrieren im individualisierten Lernen
- Störungen in kooperativen Prozessen, da die Eigenleistung nicht erkannt und reflektiert wird
- verbalen und körperlichen Konflikten sowie Problemen beim Klären der Konflikte
- Schwierigkeiten, die eigene (sprachliche) Leistung / das eigene Verhalten zu erkennen und an Problemen zu arbeiten
- Schwierigkeiten in der Annahme von Kritik und Lob

Fördermöglichkeiten:
- regelmäßiges Feedback von dem Lehrer (nonverbal, verbal und mithilfe von sprachunterstützenden Instrumenten)
- ritualisiertes Einholen von Feedback des Schülers mithilfe von Leitfragen, die den Schüler in der Selbstwahrnehmung unterstützen sollen (Chance des Lehrers, die Selbstwahrnehmung des Schülers deutlich werden zu lassen)
- Lernentwicklungsgespräche führen (empathisch und DU-orientierte Ansprache, sodass der Schüler über sich selbst sprechen kann)
- auf Augenhöhe sprechen (Positionierung, Blickkontakt, Gesten)

Visuelle Wahrnehmung

Beispiele für Leitfragen zur Beobachtung von Schülern:
- Schaut der Schüler mich beim Sprechen an?
- Kann der Schüler mein Mundbild übernehmen?
- Werden visuelle Vorgaben genutzt?
- Kann der Blick nur auf eine Person und auf ein Bild gerichtet sein?

Bedeutung im Kontext Unterricht:
- Für die Interpretation des Gehörten ist die Wahrnehmung von Mimik und Gestik entscheidend.
- Die Schüler können das „Modell Lehrer" kopieren und damit ihre persönlichen Kompetenzen erweitern.
- In der Kommunikation ist es wichtig, sich anzuschauen.
- Der Schüler ist auf sein eigenes Material fokussiert.

Bei Problemen führt es z. B.:
- zu falschen Interpretationen des Gehörten
- zur Einschränkung der Konzentration, da sich die Hörenden nur auf die akustische Vorgabe fokussieren können
- dazu, dass beim Lernen visuelle Unterstützungen nicht genutzt werden (Tafelanschrift, Piktogramme)
- zu einem chaotischen Umgang mit Arbeitsmaterial
- zu Ablenkung

5. Einsatz der Lehrersprache in Fördersituationen

Fördermöglichkeiten:
- Lehrer spricht deutlich zum Schüler oder zeigt auf das Tafelbild.
- Schüler anschauen, sich vor ihm präsentieren
- passende Bewegungen von dem Gesprochenen trennen (erst sprechen, dann zeigen und umgekehrt)
- Die Schriftsprache strukturiert und reduziert anbieten (weniger ist mehr) und wesentliche Inhalte kennzeichnen (z. B. farblich).

Impulskontrolle/Frustrationstoleranz

Beispiele für Leitfragen zur Beobachtung von Schülern:
- Wie reagiert der Schüler bei Wut?
- Wie spricht der Schüler mit anderen Schülern und dem Lehrer?
- Wie geht der Schüler mit seinen Materialien um? (Zerreißt er Material, wenn er mal etwas nicht kann? / Schmeißt er Dinge weg, wenn er keine Kraft mehr hat zu arbeiten?)
- Wie geht der Schüler sprachlich mit Konflikten um?

Bedeutung im Kontext Unterricht:
- Die Schlüsselkompetenz Impulskontrolle/Frustrationstoleranz ist bedeutsam für das soziale Miteinander in der Lerngruppe.
- Die Schüler gehen sprachlich wertschätzend und respektvoll auch in Krisen miteinander um.
- Ärger wird verbal fair ausgedrückt.
- Wenn Schüler Hilfe benötigen, holen sie sich diese von ihren Mitschülern und dem Lehrer.
- Die Schüler können produktiv mit Fehlern umgehen.

Bei Problemen führt es z. B. zu:
- körperlichen Auseinandersetzungen zwischen den Schülern (z. B.: „Die Schülerin hat mich genervt und deshalb habe ich zugetreten.")
- Beleidigungen anderer Schüler bei Frust
- einem negativen Umgang mit Fehlern; Schüler können eigene Fehler und Fehler anderer nicht gut annehmen und verweigern z. B. das Gespräch, verlassen den Klassenraum, steigen inhaltlich schnell aus oder zerstören Arbeitsmaterial
- einem Verschließen gegenüber dem Lehrer und den Mitschülern (inhaltlich, sozial)

Fördermöglichkeiten:
- Vorbild im Umgang mit Konflikten sein
- Schaffen einer wertschätzenden Lernumgebung (verbale Sprache, Mimik und Gestik)
- Lob und konstruktive Kritik zielgerichtet einsetzen
- Anbieten von Hilfssätze zum konstruktiven Versprachlichen von Konflikten
- Anpassen des Statusverhaltens, um den Schüler auf einer nonverbalen Ebene anzusprechen (Augenhöhe, Mimik und Gestik)
- spiegeln (siehe Techniken nach Bergsson, M. (1998))

Monitoring des Sprachverstehens = Rückmeldungen geben

Beispiele für Leitfragen zur Beobachtung von Schülern:
- Zeigt der Schüler (nonverbal), dass er etwas nicht verstanden hat?
- Kann der Schüler formulieren oder zeigen, dass er etwas nicht verstanden hat?

5. Einsatz der Lehrersprache in Fördersituationen

Bedeutung im Kontext Unterricht:
- Die Schüler können rechtzeitig und zielorientiert Hilfe einholen.
- Der Schüler zeigt metasprachliche Fähigkeiten (Der Schüler benutzt für seine Rückmeldungen seine sprachanalytischen Fähigkeiten. Z. B. sagt der Schüler: „Ich kenne das Wort, kann es aber nicht aussprechen.")
- Der Schüler kann seinen Lernprozess mitgestalten (Erfolge, Misserfolge).
- Der Schüler reflektiert.
- Der Schüler wird selbstwirksam, indem er Rückmeldung gibt.

Bei Problemen führt es z. B. zu:
- Missverständnissen in der Problemlösung („Hast du wieder nicht aufgepasst?")
- falschem Reagieren auf Probleme (Ausweichen, Aufstehen, Kompensation von Problemen)
- einer Verstärkung eines schwachen Selbstbewusstseins (Aussagen wie „Kann ich nicht" oder „Weiß ich nicht" bieten keine Lösungen an und frustrieren Schüler als auch Lehrer.)
- einer Erhöhung der Frustration und Schwächung der Selbstwirksamkeit
- einer weniger effektiven Lernleistung, da Nachfragen zum Lernen dazugehört

Fördermöglichkeiten:
- Anbieten von verschiedenen Fragen, die das Monitoring des Sprachverstehens anregen
- Lehrersprache als Modell für die Anwendung von verschiedenen Formen des Monitorings („Ich kann die Frage nicht beantworten, weil ich ein Wort nicht verstanden habe.")
- Förderung der Selbstwirksamkeit durch Aufforderung zum Monitoring des Sprachverstehens (nonverbal, verbal)
- Zeit zum Nachfragen lassen

Akustisch-auditive Wahrnehmung

Beispiele für Leitfragen zur Beobachtung von Schülern:
- Wie viele Wörter kann der Schüler behalten?
- Kann der Schüler ähnliche Laute diskriminieren (Hand – Wand)?
- Kann der Schüler zeigen und erzählen, was er gehört hat?
- Kann der Schüler selektiv wahrnehmen?

Bedeutung im Kontext Unterricht:
- Die akustisch-auditive Wahrnehmung ist wichtig für die phonologisch-phonetische Aneignung eines Wortes.
- Sie beeinflusst den Lese-Rechtschreib-Prozess.
- Die Schüler können sich auf ihren Gesprächspartner und auf ihr Thema konzentrieren und blenden andere Geräusche aus.

Bei Problemen führt es z. B. zu:
- Schwierigkeiten in der Rechtschreibung
- falscher Aussprache von Wörtern/Lauten
- einer Beeinflussung der Konzentration
- einem Nichtverstehen von rein sprachlich präsentierten Arbeitsaufträgen

5. Einsatz der Lehrersprache in Fördersituationen

Fördermöglichkeiten:
- Schriftsprache und Piktogramme nutzen
- prosodische Kennzeichnung der bedeutungstragenden Elemente
- Mundbilder deutlich einsetzen
- Sprache strukturieren
- handlungsbegleitendes Sprechen

Informationsverarbeitung
(Wahrnehmungsumfang und Qualität, Rhythmus-Zeitverarbeitung)
Beispiele für Leitfragen zur Beobachtung von Schülern:
- Wie viele Inhalte kann der Schüler in einer vorgegebenen Zeit aufnehmen?
- Kann der Schüler sinnlose Wörter nachsprechen? (tala-tola/-talatola-kapeto/kapetola)
- Kann ein Rhythmus nachgeklatscht werden?
- Kann der Schüler Sprache in Handlung umsetzen? Z. B.: „Nimm dir einen Textmarker und markiere die Substantive in Blau und die Verben in Rot."

Bedeutung im Kontext Unterricht:
- Die Schlüsselkompetenz ist bedeutsam für die Aufnahme und Speicherung von komplexen Informationen.
- Die Schüler können entscheidende Botschaften herausfiltern (Heute wollen wir nicht lesen, sondern schreiben.).
- Die Schüler können Arbeitsaufträge verstehen und umsetzen.
- Texte werden sinnentnehmend erfasst.

Bei Problemen führt es z. B. zu
- Missverständnissen
- Konzentrationsbeeinträchtigungen
- falschen Sprachverwendungen
- keiner Verankerung von Lerninhalten
- motorischer Unruhe

Fördermöglichkeiten:
- Verwendung von kurzen komplexen Sätzen
- Sprache mit paraverbalen Instrumenten begleiten
- Sprache strukturieren, um in möglichst kurzer Zeit die entscheidenden Botschaften wahrzunehmen
- Sprachunterstützende Instrumente verwenden

Assoziation
Beispiele für Leitfragen zur Beobachtung von Schülern:
- Kann der Schüler Regeln assoziativ ableiten?
- Kann der Schüler Synonyme bilden?
- Kann der Schüler Oberbegriffe bilden?
- Wie bringt sich der Schüler beim Brainstorming ein?
- Können Fehler assoziativ erkannt werden?
- Kann der Schüler Unsinnswörter generalisieren? Bert menkt / Bert und Ernie ... ? (menken)

5. Einsatz der Lehrersprache in Fördersituationen

Bedeutung im Kontext Unterricht:
- Die Schüler können Lerninhalte vernetzen und verankern.
- Sprache wird erworben und verankert (z. B. syntaktische Fähigkeiten und Wortschatzerwerb).
- Durch Assoziation werden sprachliche Formate angeeignet und gefestigt.
- Bewusstes Assoziieren fördert die Selbststeuerung (z. B. Mindmap).

Bei Problemen führt es z. B. zu:
- einer Lernbeeinträchtigung
- mangelhafter Entwicklung des Sprachgefühls
- mangelhaftem Erwerb und Nichtanwenden von Regeln
- erschwerter Aneignung von Fremdsprachen, von Fachsprache und Bildungssprache

Fördermöglichkeiten:
- zum Assoziieren auffordern: Fragen stellen, Gestik und Mimik, Einsatz von Bildern
- Entscheidungsfragen stellen: z. B. „Denkst du dabei an … oder eher an …?"
- Innere Sprache anregen durch das bewusste Setzen von Sprechpausen (z. B. im Vortrag)

Empathiefähigkeit

Beispiele für Leitfragen zur Beobachtung von Schülern:
- Kann der Schüler das Gefühl eines anderen Schülers beschreiben?
- Kann der Schüler auf ein Gefühl eines Mitschülers reagieren?

Bedeutung im Kontext Unterricht:
- Die Empathiefähigkeit der Schüler prägt das Sozialverhalten in Gruppen.
- Gefühle von Mitschülern können sprachlich (verbal und nonverbal) ausgedrückt werden.
- Durch Empathiefähigkeit können Schüler angemessen auf andere reagieren.

Bei Problemen im Unterricht führt es z. B. zu:
- geringer Wahrnehmung der Gefühle von Mitschülern
- falschem Reagieren in Konflikten
- Isolierung im Klassenverband, da Freundschaften nicht geschlossen werden können
- Schwierigkeiten in kooperativen Prozessen

Fördermöglichkeiten:
- Gefühle spiegeln
- als Lehrer modellhaft empathisch agieren
- als Lehrer eigene Gefühle nonverbal, verbal und parasprachlich deutlich machen
- die eigene Körpersprache bewusst und deutlich einsetzen

5.2 Beispiele aus klassischen Alltagssituationen

Die Autorinnen haben ausgewählte klassische Alltagssituationen zusammengestellt, um eine Verbindung zwischen den Förderbedarfen der Schüler und den sprachlichen Interventionsmöglichkeiten eines Lehrers exemplarisch darzustellen. Dabei wird hier nur ein Ausschnitt der Möglichkeiten beschrieben. Es muss betont werden, dass es im Alltag selbstverständlich immer wieder Abweichungen und Ergänzungen in der Umsetzung gibt. Diese hängen von den individuellen Lernvoraussetzungen der Schüler ab.

5. Einsatz der Lehrersprache in Fördersituationen

Aus den bisherigen Überlegungen ergeben sich folgende **Grundsätze für den Einsatz der Lehrersprache im Unterricht**:
- Raum und Zeit zum Verbalisieren für den Schüler schaffen! Nicht durch den Sprachprozess „rasen".
- Richtige Wiederholungen festigen ein Wort (und leider auch ein falsches). Dabei ist dies von dem klassischen Lehrerecho zu unterscheiden.
- über den Einsatz der Instrumente möglichst viele Sinne ansprechen (Sehen, Hören, Fühlen ...)
- Der Lehrer stellt ein sprachliches Vorbild bereit, um sich dann zugunsten der Schülerproduktion zurückzunehmen! In der Modellsprache des Lehrers sollte die Zielstruktur erkannt werden.
- Es wird möglichst über die Stärken des Kindes gefördert: Welche Kompetenzen kann ich wie für die Förderung nutzen?
- Die Lehrersprache arbeitet stets auf bewusster und unbewusster Ebene des Schülers. (Manche Regeln werden bewusst genannt, mit anderen arbeiten wir einfach nur.) (siehe Motsch, H. J. (2006))
- Situationen gestalten und sprachunterstützende Instrumente bereitstellen, die ein aktives Zuhören ermöglichen (Störschall minimieren, Blickkontakt halten, Schriftsprache verwenden ...)
- Das Sprachmaterial soll so kurz wie nötig und so komplex wie möglich gestaltet sein.

Diese Grundsätze finden nun beispielhaft in besonderen Situationen aus dem Schulalltag eine praktische Umsetzung.

Beispiel 1: Wir wollen beginnen

Situation:
Elvira hat heute Morgen wieder ein großes Redebedürfnis. Laut erzählt sie von ihrem Wochenende, rennt durch die Klasse, hat ihre Sachen noch nicht an die richtige Stelle gelegt. Der Lehrer möchte mit seinem Einstieg beginnen. Er ruft eine lautes „guten Morgen" in die Klasse, erreicht Elvira aber nicht. Er versucht, einzelne Schüler mit Namen darauf hinzuweisen, dass er mit der Stunde beginnen möchte. Einzelne Schüler reagieren zwar, doch nicht Elvira. Der Lehrer versucht, sie mit einem lauten Rufen zur Ruhe zu bekommen. Kein Erfolg. Inzwischen fangen auch andere Schüler an, sich mit dem Nachbarn zu unterhalten.

Analyse:[17]
Elvira zeigt keine Wahrnehmung für Regeln und Rituale. Sie findet von alleine keine Ruhe und kompensiert über lautes Reden mit dem Nachbarn ihre emotionalen Defizite. Die Stimme des Lehrers erreicht sie akustisch anfänglich nicht. Erst als der Lehrer seine Sprechmelodie und Lautstärke erhöht, wird er von Elvira zwar wahrgenommen. Doch fühlt sie sich nicht freudig begrüßt, sondern empfindet eher noch mehr Distanz. So geht sie mehr in die Ablenkung als in die Aufmerksamkeit.

Einsatz der Lehrersprache:
- Der Lehrer nimmt seine Lautstärke zurück. Dies kann den Fokus auf nonverbalen Elemente ermöglichen.
- Der Lehrer benutzt einen Gong oder Musik (Einsatz eines sprachunterstützenden Instruments).
- Sich räumlich als Modell präsentieren: So möchte ich beginnen! Der Lehrer steht schon am richtigen Platz.
- Der Lehrer spiegelt „Tom sitzt an seinem Platz, Stefan sitzt an seinem Platz" und lobt „Wie schön". Verbales Spiegeln von positivem Verhalten macht Lust zum Nachmachen. Dabei ist die Sprechmelodie und freundliche Gestik sehr entscheidend, um eine positive Konnotation zu erzeugen.
- Nonverbale Sprache (Pantomime) sendet eindeutigere Botschaften.

---
[17] Es wird für jede Situation ein Schwerpunkt in der Analyse angenommen. Selbstverständlich bieten sich noch viele weitere Analysemöglichkeiten, die in Folge andere Einsätze der Lehrersprache erfordern.

5. Einsatz der Lehrersprache in Fördersituationen

- Der Lehrer wiederholt kurze Aufforderungen und bleibt bei denselben Satzmustern. Er benutzt keine Ergänzungen und drohenden Zusätze, die lediglich die Verzweiflung des Lehrers spiegeln, aber keine Lust zum Mitmachen wecken.
- Der Lehrer geht zu Elvira hin, nimmt Augenkontakt auf und berührt sie (Positionierung)

Beispiel 2: Einen Arbeitsauftrag verständlich machen

Situation:
Der Lehrer stellt einen Arbeitsauftrag. Sven führt ihn falsch aus, Benny fängt gar nicht erst an und schaut aus dem Fenster und mehrere andere Schüler fragen verschiedenste Dinge noch einmal nach.
Der Lehrer lässt den Auftrag abbrechen und stellt ihn noch einmal auf dem gleichen Weg. Das Ergebnis zeigt keine Veränderung.

Analyse:
Für viele Schüler mit Förderbedarf stellt ein verbal gegebener Auftrag eine große Herausforderung dar, sowohl bezogen auf das Verstehen als auch auf das Behalten.
Lange, sprachlich formulierte Anweisungen ermöglichen kaum ein inneres Nachvollziehen der Arbeitswege. Sie stellen hohe Anforderungen an die Strukturierungsfähigkeit, die selektive Wahrnehmung sowie die Speicherung von sprachlich vorgegeben Inhalten. So können die nachfragenden Schüler den Auftrag nur schwer inhaltlich erfassen und die vielen Botschaften nicht behalten (Rhythmus/Zeitverarbeitung). Benny kann sich auf den Lehrervortrag nicht konzentrieren, verliert die Lust am Zuhören und wendet sich anderen Dingen zu (Störschall, selektives Wahrnehmen).
Diese Probleme demotivieren und verhindern ein Ausprobieren und Bearbeiten des Auftrages.
Grundsätzlich kann hier angemerkt werden, dass die frontale Konfrontation mit einem Auftrag den Schüler nicht „ins Boot" kommen lässt. Wenn der Lehrer den Auftrag beschreibt, fühlen sich Schüler nicht unbedingt persönlich angesprochen. Mögen Schüler Ihren Lehrer, führen sie den Auftrag für ihn gerne aus. Ist die Selbstwahrnehmung und Eigensteuerung aber nicht angesprochen, brechen die Schüler mit einem Förderbedarf in ihrer Emotionalität hier gerne den Kontakt ab.

Einsatzmöglichkeiten der Lehrersprache
- Die Inhalte des Auftrages werden strukturiert präsentiert (Reihenfolge, logischer Aufbau etc.).
- Beim Sprechen werden verschiedene paraverbale Gestaltungsmittel eingesetzt, um das Verstehen zu erleichtern (laut/leise, wichtige Dinge langsam sprechen, Schüler/Lehrer sprechen im Wechsel etc.).
- Sprachunterstützende Mittel (Grafik, Cues etc.) ermöglichen dem Schüler eine Versprachlichung des Auftrages ohne Lehrer. Sie helfen dabei, den Auftrag schnell zu verankern und machen ihn im Nachhinein immer wieder abrufbar.
- Der Lehrer setzt sprechbegleitende Handlungen ein.
- Trennung von Sprache und Gesten (erst sprechen, dann tun)
- Der Schüler spricht, der Lehrer führt passende Bewegungen dazu aus oder umgekehrt (Motivation und Absicherung im Verstehen).
- Der Lehrer verwendet kurze, eindeutige Sätze, die schriftsprachlich unterstützt werden (Satzbau, Wortwahl).

Beispiel 3: Ein Wort korrigieren

Situation:
Die Lehrerin Frau M. hat in ihrem Biologieunterricht immer wieder das Problem, dass bestimmte Fachwörter von Schülern nicht richtig ausgesprochen werden. Heute sollen die Schüler in ihrem Versuch das

5. Einsatz der Lehrersprache in Fördersituationen

Wort „experimentieren" (Bildungssprache) benutzen. Peter sagt „Ich tiere", Yvonne sagt „dingsda" oder „das mit den Versuchen machen" und Franz hilft sich mit dem Wort „exmentieren".
Frau M. korrigiert, indem sie ein korrektives Feedback gibt[18]:
„Du meinst experimentieren." Die Schüler nicken eifrig, behalten jedoch im nächsten Satz ihre falsche Formulierung bei.
Daraufhin wird Frau M. ungeduldig und ermahnt zum Zuhören: „Hör doch einmal genau. Experimentieren sollst du sagen." Yvonne verstummt und Peter antwortet verärgert: „Ist mir doch egal!"

Analyse:
Im Gebrauch (semantischer Bezug) ist das Wort von allen erfasst. Peter und Franz haben auch das Wort in Teilen schon richtig phonologisch erfasst. Für eine vollständige richtige Wiedergabe haben sie das Wort jedoch noch nicht richtig akustisch-auditiv diskriminiert. So kommt es zu einer falschen Dekodierung (Rhythmus-/Zeitverarbeitung). Der komplexe phonologische Aufbau muss sprechmotorisch koordiniert werden. Gelingt dieses nicht, kommt es zu einer unvollständigen Wiedergabe. Yvonne hat das ganze Wort nicht akustisch-auditiv wahrgenommen und rettet sich assoziativ über den semantischen Bezug des Wortes.
Frau M. konnte mit ihrem korrektiven Feedback die Förderbedarfe dieser Schüler noch nicht ausreichend bedienen. Ein korrektives Feedback erreicht Schüler, die ein vorhandenes Störungsbewusstsein haben und das Wort daraufhin richtig bilden können. Die Schüler im Beispiel können ihr Problem nicht beschreiben (Monitoring des Sprachverstehens fehlt). Yvonne und Peter werden hilflos und frustriert (mangelnde Frustrationstoleranz).

Einsatzmöglichkeiten der Lehrersprache:
- Der Lehrer weckt Bedürfnis und Bewusstsein des Schülers, das Wort richtig zu sprechen. „Das ist ein schwieriges Wort, da wir es so nicht immer benutzen." (Bildungssprache deutlich machen) „Ich helfe dir!" oder: „Ich habe einen Trick, um es richtig zu sagen." (passende Wortwahl für den Schüler wählen, um ihn zu motivieren) Wenn der Schüler oder die Situation keine Korrektur zulassen, dann kann das Wort in eine „Wörterkiste" gelegt werden. Es geht nicht verloren und ermöglicht eine spätere Bearbeitung.
- Der Lehrer baut das Wort silbilierend auf, z. B. durch Klatschen der Silben oder durch Gesten, die den Lautbildungsmodus visualisieren (Beispiel: Finger hoch beim „i"). Wenn der Lehrer zu dem Rhythmus bestimmte Bewegungen macht, kann die visuelle Wahrnehmung die akustische Speicherung unterstützen.
- Anbildung: Der Lehrer spricht das Wort akzentuierend (Einsatz einer zielorientierten Sprechmelodie) und bietet dabei einen Rhythmus an: EXPE (laut) -rimentieren (leise).
Dabei wird die Akzentuierung erst einmal auf die fehlenden Phoneme gelegt, um sie besser akustisch wahrnehmbar zu machen. Dadurch bekommt das Wort eine künstliche Struktur, die einer akustischen Speicherhilfe dient. Diese Übungssprache muss später zur Festigung wieder aufgelöst werden.
- Das Wort langsam in der Sprechgeschwindigkeit steigern, um es in den normalen Redefluss zu transferieren; durch häufiges Wiederholen wird es langsam in das Sprachgefühl aufgenommen.
- Das Wort wird gefestigt, indem es in einen Satz eingebaut wird: „Ich experimentiere, du experimentierst …" Dabei können Gesten und Akzente das entscheidende Flexionssuffix hervorheben. Über visuelle Hilfen wird die akustische Diskrimination unterstützt.
- Der Lehrer schreibt das Wort in Silben auf (sprachunterstützendes Instrument).

---
[18] Modellierungstechniken nach Dannenbauer in: Eiberger, Ch. / Hildebrandt, H. (2013), S. 40

5. Einsatz der Lehrersprache in Fördersituationen

Beispiel 4: Einen zornigen Schüler zur Ruhe bringen

Situation:
Der Lehrer unterstützt die Schüler beim freien Arbeiten an ihren Wochenplänen. Einige Schüler arbeiten zusammen, andere alleine. Simon springt auf, geht hastig durch die Klasse und stört die Mitschüler beim Arbeiten. Der Lehrer bittet Simon, sich hinzusetzen. Dieser nimmt ihn nicht wahr und geht zu einem Mitschüler, um dessen Federmappe wegzunehmen. Der Lehrer ruft nun durch die Klasse, dass Simon sich hinsetzen soll. Simon hört weiter nicht auf die Anweisung, sondern schreit den Lehrer wütend an: „Du hast mir gar nichts zu sagen!"

Analyse:
Simon arbeitet zunächst konzentriert an einer Arbeit und steht dann vor einer für ihn unlösbaren Aufgabe. Er hat kein Lösungsmuster. Die Möglichkeit, Schüler zu fragen oder sich an den Lehrer zu wenden, fällt ihm nicht ein. So ist er frustriert und wendet sich mit seinem Frust nach außen (geringe Impulskontrolle und Frustrationstoleranz gekoppelt mit einem fehlenden Lösungsmuster). Es fällt ihm schwer, Probleme zuzugeben (Monitoring) und seine Frustration angemessen über Sprache zu äußern. Der Lehrer bietet durchaus Lösungsangebote an, die jedoch nicht auf Simons Problem ausgerichtet sind.

Einsatzmöglichkeiten der Lehrersprache:
- Der Lehrer geht zu Simon (Positionierung) und bittet ihn freundlich, ihm seine bisherige Arbeit zu zeigen. Er richtet seinen Blick freundlich auf den Schüler, um diesen in seinem Zorn zu beruhigen und den Blick wieder auf sich selbst zu lenken (Umlenkung).
- Durch Blickkontakt und eine Geste macht der Lehrer dem Schüler deutlich, dass er gleich zu ihm kommt, um ihm zu helfen (nonverbales Instrument). Auf die zornigen Äußerungen geht er nicht ein. Stattdessen geht er zu Simon hin und flüstert ihm zu, dass er sich hinsetzen soll, um gleich Hilfe zu bekommen (Sprechmelodie). So lenkt er die Aufmerksamkeit auf das gute Arbeiten. Ein Ärgern von Mitschülern ist nicht mehr notwendig.
- Der Lehrer spiegelt das gute Verhalten von Simon, um ihn dadurch zu motivieren, sich weiter seiner Arbeit zu widmen.
- Der Lehrer geht zu Simon, berührt ihn an der Schulter und sagt direkt zu ihm, dass er sich an die Regel „Ich spreche vernünftig mit anderen Schülern" halten soll (positive Wortwahl). Durch die Aufmunterung „Das kannst du" verstärkt der Lehrer das erwünschte Verhalten. Mit einer kurzen Anweisung schickt er Simon wieder an seinen Platz. So setzt der Lehrer Grenzen und wird durch Nähe und Körperkontakt (Körperhaltung, Positionierung, ökonomischer Einsatz sprachlicher Mittel) wirksam.

Beispiel 5: Streit unter Schülern klären

Situation:
Während des Unterrichts bricht plötzlich zwischen Sitznachbarn ein Streit aus. Anton nimmt Lars etwas weg, beide beschimpfen sich und zerren an dem Gegenstand. Der Lehrer schreit, dass beide aufhören sollen. Der Streit geht trotzdem weiter. Lars ist schon den Tränen nahe. Der Lehrer geht nun zu beiden Schülern und ruft laut zu Anton: „Stopp!" Dieser reagiert nicht auf den Impuls. Anton haut Lars nun ins Gesicht. Dieser steht sofort auf und schlägt zurück. Der Lehrer muss die beiden auseinanderzerren, nachdem er mehrmals gerufen hat, dass beide Schüler aufhören sollen.

Analyse:
Anton und Lars sind Schüler mit einer sehr geringen Frustrationstoleranz und Impulskontrolle. Sie sitzen eng nebeneinander und haben einen chaotischen Arbeitstisch. Die Besitzverhältnisse der Materialien sind nicht klar zu erkennen. Es herrscht Platzmangel.

5. Einsatz der Lehrersprache in Fördersituationen

Ihr geringes Konzentrationsvermögen führt zu einer großen Ablenkung in dieser Situation (selektives Wahrnehmen). Es geht um „Revierverteilung". Dabei fehlen ihnen die passenden sprachlichen Muster und die entsprechende Impulskontrolle bei Ärger. So wehren sie sich beide verzweifelt körperlich. Anton kann die aufkommenden Tränen von Lars nicht deuten (Empathie). Der Lehrer gibt zwar ein Stoppsignal, dieses ist jedoch zu weit vom Konflikt entfernt.

Einsatzmöglichkeiten der Lehrersprache:
- Präventiv: Der Lehrer geht schon vor Streitbeginn zu den beiden und achtet auf sortierte Materialien auf dem Tisch. Lächelnd zeigt er auf ein Regelplakat, auf dem die Regel „Ich halte meinen Arbeitsplatz sauber" steht. Der Lehrer hilft beim Sortieren (nonverbal) und lobt die Schüler anschließend (verbal). Dadurch bietet er ein Modell an und verstärkt das positive Verhalten. „So, jetzt könnt ihr gut nebeneinander arbeiten", ist der Impuls für den Arbeitsbeginn.
- Präventiv: Der Lehrer geht zu beiden Schülern hin und spiegelt die Situation. „Ihr ärgert euch. Das sehe ich." Nun bietet er sprachliche Möglichkeiten zum Ansprechen und Lösen des Problems an: „Anton und Lars, ihr habt keinen Platz zum Arbeiten. Könnt ihr euch das bitte vernünftig gegenseitig sagen." Der Lehrer begleitet dadurch positive sprachliche Muster.
- Der Lehrer agiert direkt am Ort des Geschehens. Der Lehrer sagt „Stopp!" nach Beginn des Streits. Ein direkter Blickkontakt und eine deutliche Ansage mit passender Stoppgeste erreichen hier eine deutliche Aufmerksamkeit (Positionierung, Gestik, Sprechmelodie, Wortwahl). Anschließend klärt er den Konflikt. Die Nähe und die Geste verschärfen das Gesagte und werden von den Schülern besser wahrgenommen.

Beispiel 6: Einen Schüler beim Lernen unterstützen

Situation:
Die Klasse arbeitet im Mathematikunterricht an Stationen. Der Lehrer stellt kurz den Arbeitsauftrag. Danach berät und beobachtet er die Schüler individuell. Tobias hat wieder Probleme. Er geht zu einer Station, nimmt sich das entsprechende Arbeitsblatt und malt nach einer Weile auf dem Blatt herum. Der Lehrer geht zu ihm hin und erklärt noch einmal kurz den Arbeitsauftrag. Anschließend wendet er sich anderen Schülern zu, die ebenso Hilfe benötigen. Tobias malt weiter auf dem Blatt und schafft während der gesamten Arbeitszeit nur eine Aufgabe.

Analyse:
Tobias hat große Probleme beim Lernen. Er kann mathematische Strukturen nicht gut erfassen und auf andere Inhalte transferieren. Er fragt nicht nach, wenn er Hilfe benötigt (Monitoring). So flüchtet er in Ersatzhandlungen. Er hat Probleme beim Sprachverstehen und kann dadurch den wiederholten Arbeitsauftrag nicht umsetzen. So malt er kleine Bilder auf das Arbeitsblatt, eine Leistung, die hier sein momentanes Niveau widerspiegelt. Der Lehrer steht zwar an seiner Seite, kann ihm aber trotzdem nicht weiterhelfen. Das Problem kann hier in einem zu komplex gestellten Arbeitsauftrag liegen (Rhythmus- und Zeitverarbeitung).

Einsatzmöglichkeiten der Lehrersprache:
- Präventiv: Der Lehrer sollte die Lehrersprache so gestalten, dass der Schüler motiviert in die Stationsarbeit geschickt wird. Dadurch spricht er die Selbststeuerung des Schülers an. „Diese Station schaffst du ganz alleine. Danach kannst du gerne Hilfe von mir bekommen. Denke daran, das Tausenderbuch zu benutzen." Durch diese Anweisung erhält der Schüler Unterstützung in der geöffneten Arbeitsform Stationslernen.

5. Einsatz der Lehrersprache in Fördersituationen

- Der Lehrer bietet Tobias ohne zu sprechen mit einem Lächeln ein mathematisches Anschauungsmaterial an. Diese wortlose Intervention spricht alle Bereiche der Selbststeuerung an. Dies reicht, um den Schüler daran zu erinnern, dass er mit dem Anschauungsmaterial die Aufgaben leichter bearbeiten kann.
- Der Lehrer geht zu Tobias hin und lässt sich von ihm den Arbeitsauftrag erklären (Stellen und Absichern eines Auftrages passiert gleichzeitig, der Schüler wird sprachlich aktiviert). Dabei verwendet der Lehrer möglichst wenig verbale Sprache, sondern macht eventuell die Aufgaben parallel handelnd vor oder er stellt Verständnisfragen, wie: „Meinst du, ich soll das hier so machen?"
- Der Lehrer bearbeitet eine Aufgabe beispielhaft und setzt dabei handlungsbegleitendes Sprechen ein. Er setzt sich dabei vor den Schüler, um mit ihm Blickkontakt zu halten (Positionierung). Das Sprechen und Tun sollte teilweise getrennt voneinander laufen.
- Mit der Frage „Welche Aufgabe fällt dir bei dieser Station leicht?" fokussiert der Lehrer die Konzentration des Schülers auf seine Kompetenzen. So beginnt der Schüler die Bearbeitung und die Chance, im Anschluss auch schwierigere Aufgaben zu versuchen, ist erhöht.

Beispiel 7: Ein Unterrichtsgespräch begleiten

Situation:
Im Sachunterricht hat die Lehrerin bisher verschiedene Tiere und ihre Eigenschaften nach einem bestimmten immer wiederkehrenden Muster erarbeiten lassen. Heute will sie mit den Schülern über Raubkatzen sprechen. Die Schüler sollen ihr Vorwissen über die Raubkatze einbringen und sich dabei aufeinander beziehen.
Sie hängt das Bild eines Tigers auf und stellt die Leitfrage: „Was fällt dir dazu ein?"
Jilmaz spring auf und schreit sofort raus, dass er schon einmal in Afrika war und viele Elefanten gesehen hat. Er wird von der Lehrerin unterbrochen und darauf hingewiesen, dass er sich nicht an die Melderegeln gehalten hat. Sie ruft Karin auf. Diese erzählt: „Ich habe Angst vor Tigers". Die Lehrerin ist mit dem Satz unzufrieden und will ihn korrigieren, doch da ruft Jilmaz, dass Tiger gefährliche Raubkatzen seien. Die Lehrerin begrüßt im Stillen die inhaltlich passende Aussage, entscheidet sich aber, ihn erneut auf die Melderegel hinzuweisen. Jilmaz ist sauer, steht auf und rennt aus der Klasse. Die Tür knallt und die Kinder schimpfen, dass es so laut ist. Die Lehrerin muss den Faden wieder aufnehmen, erinnert an die Melderegeln für alle und ruft Frank auf. Frank steht auf, geht nach vorne und sagt: „Gefährlich." Daraufhin ruft Karin: „Jilmaz ist doch nicht gefährlich, der ist sauer." Alle Kinder lachen. Die Lehrerin erinnert an die Melderegel und bittet Frank, im ganzen Satz zu sprechen. Frank ist beleidigt, weil alle Kinder lachen und geht weinend an seinen Platz.

Analyse:
Ein Unterrichtsgespräch mit einer offenen Fragestellung und fehlender Struktur zum Antworten überfordert Schüler mit Förderbedarf im Bereich Lernen und Sprache häufig (Themenerfassung, gezielter Spracheinsatz, Speicherfähigkeit, Wortabruf, Konzentration, Assoziation). Es ist ein Misserfolg vorprogrammiert, der frustrierend ist (Frustrationstoleranz). In der Gruppe zu kommunizieren, verlangt ein hohes Maß an aktivem Zuhören, um sich aufeinander beziehen können (Empathie, akustisch-auditive Wahrnehmung). Dieses muss über die Prozesssteuerung förderlich aufbereitet werden.
Jilmaz ist durch die Impulsfrage mit seinen Assoziationen zu diesem Thema auf Abwegen unterwegs. Das Ziel ist ihm nicht bekannt und so ist er ziellos, aber durchaus kommunikativ lebendig auf seinem eigenen Weg. Die Lehrerin bremst ihn aus, indem sie vom Thema abweicht und auf die Regeln hinweist. Damit berührt sie seine Schwäche und lässt den durchaus spannenden Inhalt unberücksichtigt. Die unbewusst mangelnde Wertschätzung lässt seine negative Selbststeuerung aktiv werden (Impulskontrolle).

5. Einsatz der Lehrersprache in Fördersituationen

Karin spricht spontan über ihre Gefühle zu dem Tier. Sie kann nur schwer methodische Vorgehensweisen auf neue Sachverhalte übertragen. Die Lehrerin möchte ihr eine Rückmeldung geben, wird jedoch von Jilmaz gestört. Sie entscheidet sich erneut, Jilmaz Verhalten zu fokussieren zulasten des Inhalts. Die Melderegeln haben ihm schon beim ersten Mal nicht helfen können und so verliert er seine Kontrolle und steigt aus. Die Lehrerin ist inzwischen aber auch mit ihrem Thema ausgestiegen. Sie entscheidet sich erneut, das Verhalten zu kommentieren. Das ist für Karin nicht nachvollziehbar. Sie ist nun mit ihren Gedanken bei Jilmaz und kann sich nicht auf Franks Äußerung einlassen. Es kommt zu einem Missverständnis, was für Frank in seinem schwachen Selbstbewusstsein schwer auszuhalten ist.
Die Lehrerin hat es schwer, eine Entscheidung bzgl. Fortsetzung des Stundenthemas oder einer Bearbeitung der Gesprächsregeln zu treffen.

Einsatzmöglichkeiten der Lehrersprache:
- Leitfragen müssen reduziert im Inhalt und eindeutig in der Bearbeitung gestellt werden (Wiederholung der Frage und Zeit zum Verstehen geben). Durch Pausen und eine passende Sprechmelodie wird die Zielstruktur gekennzeichnet: „Was fällt dir DAZU ein?" Der Lehrer betont das Wort „dazu" und zeigt auf den Tiger (Sprechmelodie, Sprechpausen, Gestik).
- Umgang mit Schüleräußerungen: „Du weißt schon viel, Jilmaz. Melde dich noch einmal und sage es dann allen. Das war wichtig für uns." Durch das Lob bestärkt der Lehrer den Schüler, sich weiter am Gespräch zu beteiligen und weist gleichzeitig auf die Regeln hin.
- Umgang mit einem falschen Satzbau: Mit dem Inhalt der Schüleraussage von Karin formt der Lehrer einen richtigen Satz.[19]
- Der Lehrer gibt Satzmuster vor, wie z. B.:
  Die Raubkatze hat … / Die Raubkatze ist … / Die Raubkatze frisst … / Die Raubkatze lebt … (Struktur, Satzbau, Wortwahl). Für Schüler, die wenig Struktur in Bezug auf ihren Denkprozess haben, leiten Satzanfänge in die richtige Denkrichtung und geben gleichzeitig einen Wortschatz vor, der zu Assoziationen führt.
- Die schriftliche Aufzeichnung der Sätze ermöglicht eine Speicherung und ständige Wiederverwendung der Sätze und Inhalte (sprachunterstützendes Instrument).
- Umgang mit Kränkung: Die Lehrerin setzt sich erst einmal neben Frank (Positionierung). Sie gibt ihm damit das Gefühl von Solidarität und Gemeinsamkeit. Sie übersetzt Franks Botschaft und lobt ihn für diesen gelungen Beitrag (Wortwahl, differenzierte Ansprache, stärkende Gestik).

Beispiel 8: Mut zum Sprechen machen

Situation:
Im Gesprächskreis ist Fatima an der Reihe, von den Erlebnissen des gestrigen Sportfestes zu erzählen. Fatima schüttelt den Kopf und reicht den Erzählstein weiter. Der Lehrer fragt nach, ob Fatima sagen kann, wie ihr das Sportfest gefallen hat. Fatima sagt flüsternd: „Gut."
Fatima hat guten Kontakt zu ihren Mitschülern und zu ihrem Lehrer. Sie spricht in Zweiersituationen oder am Gruppentisch und in einer adäquaten Lautstärke mit anderen. Immer wenn Fatima jedoch etwas im Erzählkreis oder bei Präsentationen alleine vor der gesamten Gruppe erzählen soll, schweigt sie. Hin und wieder gelingt es ihr, ein Wort leise zu sprechen. Dabei schaut sie auf den Boden.

---
[19] Modellierungstechniken nach Dannenbauer in: Eiberger, Ch. / Hildebrandt, H. (2013), S. 40

5. Einsatz der Lehrersprache in Fördersituationen

Analyse:

Fatima zeigt eine Sprechangst. Das bedeutet, dass sie den Inhalt kennt, diesen auch versprachlichen kann, es aber aufgrund von emotionalen Problemen nicht in der Gruppe tut. Ansätze zur Förderung zeigen sich beim leisen Sprechen und auch in Einzelsituationen. Auch ist sie durchaus bereit, in Einwortsätzen zu antworten oder auf Fragen nonverbal zu reagieren. Sie hält Blickkontakt zum Lehrer. Dieser versucht, durch geschlossene Fragen sie zum Sprechen zu aktivieren. Dies gelingt ihm in Teilen, er bedient damit aber die Einwortsatzstruktur von Fatima.

Einsatzmöglichkeiten der Lehrersprache:
- Der Lehrer kann durch Alternativfragen Fatima „ins Boot holen", z. B.: „Meinst du … oder …?" Dadurch hat sie die Möglichkeit, ein vollständiges sprachliches Muster zu übernehmen. Dies motiviert die Schülerin und macht sie zu einer erfolgreichen Teilnehmerin des Gruppenprozesses (Wortwahl, Satzstruktur).
- Der Lehrer könnte Fatima auch bitten, ihm über das Sportfest etwas ins Ohr zu flüstern. Der Lehrer sagt dies dann laut vor der Gruppe (Positionierung, Sprechmelodie).
- Der Lehrer kann witzige Fragen stellen, die die Schülerin zum Lachen bringt und ihr damit die Angst nehmen. Hierbei geht es in erster Linie um den Abbau der Sprechangst und weniger um einen verbal geleisteten Beitrag (differenzierte Ansprache).
- Der Lehrer macht selbst im Erzählkreis ein Erlebnis nonverbal vor und ist dabei ein Vorbild für Fatima, sich selbst nonverbal zu äußern.
- Fatima kann mithilfe eines Talkers sprechen. Sie spricht alleine in das Gerät und spielt das Gesagte vor der Gruppe ab (sprachunterstützendes Instrument).

5.3 Interventionsstrategien nach Bergsson

In der nachfolgenden Tabelle werden einige Interventionsstrategien des Entwicklungstherapeutischen (ETEP) Unterrichts beschrieben, die für den Einsatz der Förderinstrumente der Lehrersprache bedeutend sind. Eine ausführliche Beschreibung findet sich bei Bergsson, M. / Luckfiel, H. (1998).

Intervention	nähere Erläuterung
Loben	Beispiel: „Alex, du hast deine Geschichte sehr fantasievoll geschrieben. Das hast du richtig gut gemacht. Super!" • Loben ist eine sehr wirksame Technik, Schüler zu motivieren, sich gut zu verhalten und zu arbeiten. • Das Lob sollte bewusst eingesetzt werden. • Der Lehrer sollte viel, aber nicht übertrieben loben, da man sonst auf Schüler unglaubwürdig wirkt. • Lob fördert das Selbstvertrauen und verbessert das Selbstbild. Schüler mit herausforderndem Verhalten haben manchmal Probleme, an die Ehrlichkeit des Lobs zu glauben. Diese Schüler dann behutsam an das Lob durch den Lehrer heranführen oder die Schüler sich untereinander loben lassen.

5. Einsatz der Lehrersprache in Fördersituationen

Intervention	nähere Erläuterung
Spiegeln	Beispiel: „Stephan meldet sich, Mert meldet sich, Sabine meldet sich …" • Der Lehrer gibt dem Schüler oder mehreren Schülern eine beschreibende Rückmeldung. • Der Spiegelsatz beinhaltet kein Lob. Der Fokus liegt auf der Beschreibung des vom Lehrer gewünschten Verhaltens. • Spiegeln hat die Funktion, dem Schüler zu zeigen, dass der Lehrer ihn bemerkt. Der Schüler kann sich durch die Technik erfolgreich fühlen, andere Mitschüler sind motiviert, das gewünschte Verhalten auch zu zeigen. • Die Selbstwahrnehmung des Schülers wird erhöht: „Ich melde mich, der Lehrer sieht das. Ich kann mich an die Regel halten und dadurch fühle ich mich gut." • Der Spiegelsatz kann drei Bereiche umfassen: Beschreibung des Verhaltens, Erinnerung an den Fortschritt, Bestätigung/Aufrechterhaltung der Anforderung.
Umlenken/ Umgestalten	Beispiel für Umlenken: Die Schüler arbeiten in der Lernzeit an ihren individuellen Aufgaben. Sarah hat zu Beginn konzentriert gearbeitet und fängt an, auf ihrem Arbeitsblatt herumzukritzeln. Der Lehrer geht zu Sarah und sagt: „Mit diesem Stift kannst du jetzt an deine Aufgaben gehen." • Umlenken ist eine präventive Intervention und wird eingesetzt, bevor ein Schüler herausforderndes Verhalten zeigt. • Umlenken hat das Ziel, dass ein Schüler seine aktuelle Handlung aufgibt bzw. dass er auf eine gewünschte Handlung umgelenkt wird. Beispiel für Umgestalten: Leonora hat einen starken Ehrgeiz und Probleme damit, wenn ihr etwas nicht so gut gelingt. Die an sie gestellten Aufgaben schafft sie nicht alle bis zum Klingeln. Sie wird nervös. Der Lehrer sagt zu ihr: „Leonora, rechne noch Aufgabe Nummer 4 bis zum Klingeln. Diese Aufgabe kannst du dann in der nächsten Stunde vorstellen, wenn du möchtest. Deine Ideen dazu werden anderen bestimmt helfen." • Umgestalten als Prävention zielt auf die Veränderung einer Anforderung hin, um dem Schüler die Möglichkeit zu geben, die Anforderung erfolgreich zu bewältigen bzw. sich gut zu verhalten.
positives Formulieren	Beispiel: „Wir melden uns, wenn wir etwas sagen wollen." anstelle von: „Wir rufen nicht rein, wenn wir etwas sagen wollen." • Regeln werden positiv formuliert. Man sollte die Wörter „nicht", „kein" und „ohne" vermeiden.

6 Trainingskonzept

6.1 Warm-ups

6.1.1 Vorbemerkung

Im Folgenden werden Aufwärmübungen vorgestellt (Warm-ups), mit denen die verschiedenen Bereiche der Lehrersprache aktiviert werden sollen. Es geht darum, sich einzufühlen und für die vielen Facetten der Lehrersprache sensibilisiert zu werden. Es soll schwerpunktmäßig ein Bewusstsein für die eigene Sprache gewonnen werden. Einige Übungen ermöglichen zudem das Erkennen und Einfühlen in die in Kapitel 5 vorgestellten Schlüsselkompetenzen.

Je nach Situation können die Aufwärmübungen in der Ausbildung, in Fortbildungsveranstaltungen sowie in der Schule mit Kollegen oder auch mit Schülern durchgeführt werden. Warm-ups stehen immer zu Beginn einer Trainingseinheit. Hier steht der Trainingsleiter, der entweder durch das Setting festgelegt oder vorher von der Gruppe bestimmt wird, aktiv im Vordergrund. Er hat während der Aufwärmphase die Aufgabe, die Gruppe zu motivieren, zum Mitmachen aufzufordern und sie sowohl für die Schlüsselkompetenzen als auch die Instrumente der Lehrersprache zu sensibilisieren. Die Auswahl und Anzahl der Übungen bleibt dem Trainingsleiter überlassen. Es ist jedoch zu empfehlen, die Aufwärmübungen passend zu den folgenden Workshops (siehe Kapitel 6.2) auszuwählen. Selbstverständlich können alle Warm-ups auch unabhängig von den Workshops durchgeführt werden.

Bei allen Warm-ups findet das Üben in dialogischen Situationen statt. Wird ein Warm-up mit der gesamten Gruppe oder Teilgruppe durchgeführt, sollte im Anschluss eine kurze Reflexionsphase zu zweit stattfinden. Hier kann die Art des Sendens sofort vom Empfänger gespiegelt werden. Als Teil der Warm-ups werden daher jeweils einige Reflexionsfragen angeboten, die individuell verwendet werden können. Um individuelle Erfahrungen zu ermöglichen, wurden die Fragen möglichst offen gehalten. Je nach Situation und Gruppenkonstellation können ggf. andere Fragen zur Reflexion formuliert werden. Wichtig ist jedoch, dass nach jedem Warm-up eine Möglichkeit zur Reflexion gegeben wird.

6.1.2 Trainingsbausteine

Warm-up	Thema
1. Jetzt geht es los	parasprachliche Instrumente ausprobieren
2. Sprache emotional gestalten	nonverbale und parasprachliche Ausdrucksweise erproben
3. Führen und folgen	Anweisungen rein verbal geben
4. Nonverbale Ausdrucksweise bewusst erproben	Körperhaltungen erproben
5. Zungenbrecher trainieren	Sprechmotorik, Rhythmus in Kombination mit sprachunterstützenden Instrumenten
6. Hochstatus und Tiefstatus	sprachliche Kennzeichnung eines bestimmten Status

 Verweist auf die entsprechende Filmsequenz auf der Begleit-DVD.

1. Jetzt geht es los

Ziel:
unterschiedliche parasprachliche Instrumente einsetzen

Teilziele	Indikatoren
unterschiedliche Gesangsrollen erfahren	einzelnes und gemeinsames Singen
durch Vorsingen Sprechmelodie stimulieren	Gruppe imitiert Vorgabe
verschiedene Elemente der Sprechmelodie ausprobieren	Vorgaben werden unreflektiert nachgesungen
Sprechgeschwindigkeit ausprobieren	langsam und schnell singen

Vorbereitung/Material:
- Sitzkreis
- Filmsequenz zum Kennenlernen der Melodie
- Liedtext: „Dab dab dubi" (siehe unten)

Ablauf:
Das Lied wird nach Vorgabe gesungen.
Die Ansagen sollten immer wieder von wechselnden Vorsängern gesungen werden, damit die Teilnehmer verschiedene Rollen erfahren.

Reflexion:
- Wie habe ich das Singen in der Gruppe bzw. einzeln erlebt?
- Was habe ich nachgemacht?

Liedtext: „Dab dab dubi"

Vorsänger	Chor
Einleitung: Jetzt geht es los. In dieser Bude, da wackeln alle Wände.	Wiederholung Wiederholung Wiederholung
Refrain (mit selbst entwickelten Bewegungen begleiten): Dab dab dubi Daba daba dubi Daba daba daba daba dubi dudei	Wiederholung Wiederholung Wiederholung
Variationen: Das war doch viel … viel zu laut. viel zu leise. viel zu langsam. viel zu schnell. … (z. B. hoch, tief)	Wiederholung Wiederholung
neue Ansage passend zur Variation Das müsst ihr … singen.	Das müssen wir … singen.

2. Sprache emotional gestalten

Ziel:
sich nonverbal und parasprachlich erproben

Teilziele	Indikatoren
Körperteile und Mimik differenziert einsetzen	Körpersprache und Mimik nach Ansage einsetzen
nonverbale und parasprachliche Ausdrucksmöglichkeiten erweitern	eigene und fremde Beispiele nonverbaler und paraverbaler Ausdrucksmöglichkeiten beobachten und ausprobieren
Positionierung differenziert einsetzen	unterschiedliche Positionen erproben
paraverbale Instrumente bewusst einsetzen	Inhalte durch Sprechgeschwindigkeit, Sprechmelodie und Pausenstrukturen unterstützen

Vorbereitung/Material:
- Stuhlkreis
- Gefühlskarten auf den Boden legen (z. B. traurig, wütend, fröhlich, selbstbewusst, arrogant, ängstlich, stolz)
- Satzkarten schreiben (z. B.: „Ich möchte, dass du zuhörst.", „Hast du die Frage verstanden?")

Verlauf:
1. Die Teilnehmer stehen.
   Der Trainingsleiter ruft ein Gefühl in den Raum und die Teilnehmer stellen dies nonverbal dar.

2. Die Teilnehmer stellen sich im Kreis auf.
   Sie rufen sich gegenseitig mit Namen auf und drücken dabei ein Gefühl aus (siehe Karten auf dem Boden).

3. Die Teilnehmer sitzen im Stuhlkreis.
   Der Trainingsleiter gibt einen Satz vor (z. B.: „Ich möchte, dass du zuhörst."). Er geht zu einem Teilnehmer, positioniert sich und sendet diesen Satz mit einem bestimmt Gefühl an den Teilnehmer weiter. Der Angesprochene lässt das Gesagte auf sich wirken, steht auf, geht zu einem anderen Teilnehmer, positioniert sich und wiederholt das Gesagte. Dies wird fünfmal wiederholt.
   Die Übung wird mit einem anderen Satz wiederholt, den sich der jeweils letzte Teilnehmer des Übungsdurchgangs ausdenkt.

Reflexion:
- Wie wurde die Ausdrucksmöglichkeit mit Körperteilen und Mimik erlebt?
- Wie wurde die Ausdrucksmöglichkeit mit den unterschiedlichen Positionen erlebt?

Wie wurde die Ausdrucksmöglichkeit mit der Stimme erlebt?

3. Führen und folgen

Ziel:
Die Instrumente der Lehrersprache so einsetzen, dass Botschaften umgesetzt werden können

Teilziele	Indikatoren
Sprechmelodie einsetzen	laut/leise, schnell/langsam werden passend zu den Aufforderungen eingesetzt
Wort- und Satzbau zielorientiert einsetzen	kurze Anweisungen werden behalten, Hindernisse des Parcours werden beschrieben
ökonomischer Einsatz	kurze und prägnante Formulierungen geben

Vorbereitung/Material:
- Augenbinden
- Hindernisparcours im Raum aufbauen
- Tandembildung

Ablauf:
Einem Tandempartner werden die Augen verbunden. Der andere führt den „Blinden" mit Anweisungen durch den Parcours.
Der Partner darf dabei nicht berührt werden.

Reflexion:
- Welche Formulierungen wurden richtig umgesetzt?
- Welche paraverbalen Instrumente haben in der Umsetzung geholfen?

Variation:
- Zeitfenster vorgeben: nach Gongschlag schauen, wer wo angekommen ist
- Wettkampf: Wer erreicht zuerst das Ende des Parcours?

4. Nonverbale Ausdrucksweise bewusst erproben

Ziel:
die Botschaft über Körperhaltungen wahrnehmen / den Einsatz der Körperhaltung erproben

Teilziele	Indikatoren
Körperteile differenziert einsetzen	Körpersprache nach Ansage einsetzen
nonverbale Ausdrucksmöglichkeiten erweitern	eigene und fremde Beispiele nonverbaler Ausdrucksmöglichkeiten beobachten und ggf. ausprobieren
Positionierung differenziert einsetzen	Körperhaltung in diversen Positionen (sitzend, liegend, stehend, hinter dem Stuhl, vor dem Tisch etc.) ausprobieren

Vorbereitung/Material:
- viel Platz zum Gehen und Sitzen
- Stühle, ggf. Tische

Verlauf:
Alle Teilnehmer laufen durch den Raum.

1. Der Trainingsleiter weist die Teilnehmer an, sich nach folgenden emotionalen Vorgaben hinzustellen: fröhlich, wütend, verzweifelt, aufgeregt.

2. Die Übung wird in Sitzposition wiederholt.

3. Die Teilnehmer gehen durch den Raum. Der Trainingsleiter macht ein Stoppsignal und weist die Teilnehmer an, folgende Sätze nonverbal darzustellen:
   – Das hast du aber gut gemacht.
   – Das gefällt mir nicht.
   – Das tut mir leid.
   – Das ist schön.
   – Damit hörst du sofort auf.

4. Der Trainingsleiter weist die Teilnehmer zu folgender Handlung an: Paare finden sich, schauen sich an, einer sitzt dabei und einer steht. Beide zeigen folgende Haltungen: Ich bin stark. / Ich bin schwach. / Ich bin dir überlegen. / Ich habe Respekt vor dir.

Reflexion:
- Wie wurde die nonverbale Ausdrucksmöglichkeit erlebt?
- Wie wurden die Ausdrucksmöglichkeiten an den unterschiedlichen Positionen erlebt?

5. Zungenbrecher trainieren

Ziel:
sprechmotorische Hilfen einsetzen

Teilziele	Indikatoren
Sprechtechniken einsetzen	laut/leise, schnell/langsam werden passend eingesetzt, Sprechen im Rhythmus
Wort- und Satzbau inhaltlich unterstützen	Gesten kennzeichnen den Anbildungsmodus oder den Inhalt.
ökonomischer Einsatz	Steigerung der Sprechgeschwindigkeit
Sprachunterstützung anbieten	Wortkarten als visuelle Hilfe, Bilder als Wortabrufhilfe nutzen

Vorbereitung/Material:
- Sitzkreis
- Zungenbrecher schriftlich vorbereiten (Beispiele für Zungenbrecher siehe unten), dabei verschiedene Hilfen (z.B. Piktogramme und Silbenbögen) in den Text mit aufnehmen

Ablauf:
1. Der Trainingsleiter spricht einen Zungenbrecher laut vor. Die Teilnehmer sprechen diesen nach.
2. Nach und nach baut der Trainingsleiter die Hilfen ein (z.B. Wortkarten, Bewegungen, Gesten, Sprechen in Abschnitten).
3. Am Ende sprechen die Teilnehmer ohne Vorlage den Text.
   Nach mehrfachem Üben kann ein Teilnehmer einen neuen Zungenbrecher wählen und diesen mit der Gruppe sprechen (Vorsprechen, Nachsprechen). Es hängt von der Gruppe und der Zeit ab, wie viele Zungenbrecher ausprobiert werden.

Beispiele:
Auf den sieben Robbenklippen sitzen sieben Robbensippen, die sich in die Rippen stippen, bis sie von den Klippen kippen.

Lang schwang der Klang am Hang entlang.

Sieben Schneeschipper schippen sieben Schippen Schnee.
Sieben Schneeschaufler schaufeln sieben Schaufeln Schnee.

Reflexion:
- Was hat mir beim Nachsprechen und Behalten geholfen?
- Was hat mir geholfen, die Wörter richtig auszusprechen?
- Was habe ich beim Vorsprechen benutzt?
- Was hat den Abruf des Inhalts unterstützt?

Hinweis:
Die Wiederholungen eines Zungenbrechers können immer wieder neu gestaltet werden.

6. Hochstatus und Tiefstatus[20]

Ziel:
über nonverbales Verhalten jemanden in den gleichen Status bringen

Teilziele	Indikatoren
Positionierung bewusst wahrnehmen	Zuordnung von Körpersprache und Status
Körpersprache gezielt einsetzen	Partner versteht die Botschaft und reagiert.

Vorbereitung/Material:
- Tandems bilden (max. sechs Paare, die übrigen Teilnehmer sind Zuschauer)
- Ein Tandempartner sitzt auf einem Stuhl, der andere stellt sich in einem Abstand von ungefähr fünf Metern gegenüber.
- Der Trainingsleiter gibt vor, welche Gruppe (stehend/sitzend) welchen Status übernimmt.
- Die Teilnehmer stimmen sich auf ihren Status ein (sie stellen sich verschiedene Körperhaltungen vor).
- zur Orientierung: Poster oder Beamer mit Ausdrucksmöglichkeiten für Hoch- und Tiefstatus

Hochstatus	Tiefstatus
langsame, ruhige Bewegung wenige Bewegungen entspannt schreiten	schnelle, hektische Bewegungen viele kleine Bewegungen schüchterne, verzagte Bewegungen
den ganzen Stuhl benutzen aufgerichtet, offen sitzen Blickkontakt halten	auf der Sitzkante sitzen sich auf dem Stuhl kleinmachen Blick immer wieder abwenden und zuwenden / Blick weicht dem anderen aus

Verlauf:
1. Die Teilnehmer spielen ihre Rolle im Hoch- oder Tiefstatus.
2. Der stehende Tandempartner geht auf den sitzenden Partner zu. Er versucht, ihn auf Augenhöhe (gleicher Status) zu bringen.
3. Die Positionen werden gewechselt.

Hinweis:
Der Trainingsleiter kann den Status im Sitzen oder Stehen ausprobieren lassen.

Reflexion:
- Welche Erfahrungen haben die Akteure, welche Beobachtungen die Zuschauer gemacht (wie habe ich mich gefühlt als …)?
- Wie habe ich meine Position und die Position meines Partners wahrgenommen?
- Was wurde eingesetzt, um den anderen dazu zu bringen, den gleichen Status einzunehmen?

---

[20] Eine genaue Beschreibung und Auseinandersetzung mit Hoch- und Tiefstatus ist bei Plath (2010) zu finden.

6. Trainingskonzept

6.2 Workshops

6.2.1 Vorbemerkung

Die Lehrersprache wird in den folgenden Workshops als ein Förderinstrument eingesetzt. Das klingt erst einmal sehr kompliziert, abstrakt und auch funktional. Dadurch erscheint es auf den ersten Blick auch nicht wirklich sympathisch konnotiert. Der Lehrer kennt viele Materialen und auch Unterrichtsmethoden, die Hilfen und Differenzierungsmöglichkeiten brauchbar werden lassen. Das beste Hilfsmittel hat jedoch nur so viel Wert, wie es gezielt und differenziert eingesetzt werden kann. Dieses muss zudem im Alltag spontan geschehen. Die zentralen Fragen lauten daher: Wie kann ich mich darauf vorbereiten? Was genau kann ich förderlich gestalten? **Durch eine vorherige Bewusstmachung und durch Ausprobieren kann ein zielgerichtetes Umgehen im Unterrichtsalltag ermöglicht werden. Die Lehrersprache hat der Lehrer immer dabei. Er muss sie jedoch als Fördergegenstand kennen.** Welche sprachliche Begleitung im Unterricht welche unterschiedlichen Fördereffekte haben, kann direkt in den angebotenen Workshops ausprobiert und erfahren werden.

Die Förderinstrumente der Lehrersprache werden individuell unterschiedlich eingesetzt. Dabei orientiert sich der Lehrer mehr oder weniger an seinen Erfahrungen aus dem Alltag und transferiert sie auf die aktuelle Situation. Im Unterricht haben wir jedoch sehr viele Aufgaben zu erfüllen, zu denen kaum oder nur unbewusst eine Reflexion stattfinden kann. Folgende Aussage/Frage ist daher typisch und den Autorinnen schon häufig bei Workshops begegnet:

„In mir bekannten und vertrauten Kommunikationsstrukturen wende ich geübte, weil häufig benutzte, Kommunikationsstrategien an. Hier habe ich viel Erfahrungen gewonnen und weiß, was wirkt und was nicht. Aber was mache ich eigentlich, wenn ein Schüler mit einem Förderbedarf meinen Arbeitsauftrag nicht versteht oder mein Lob keinerlei Wirkung zeigt?" Durch die Workshops können Erfahrungen im Umgang mit herausfordernden Unterrichtssituationen gemacht werden. Ziel ist es am Ende, auch in eben diesen Unterrichtssituationen die Förderinstrumente vertraut und bekannt einzusetzen.

Die Autorinnen haben für die Workshops klassische Situationen aus dem Unterricht mit ihren möglichen Herausforderungen ausgewählt. Der unterschiedliche Einsatz der Förderinstrumente kann dabei ganz individuell von jedem Teilnehmer ausprobiert werden. Die Ziel- bzw. Versuchsgruppe sind hier die übrigen Teilnehmer des Workshops. Jeder erhält die Möglichkeit, sich in Ruhe auszuprobieren, in einem geschützten Rahmen Erfahrungen zu machen und sich darüber auszutauschen. Die Übertragung der Erfahrungen findet dann im Unterricht statt. Die Rückmeldungen der Teilnehmer bisheriger Workshops zeigen, dass diese sich nach dem Training im Unterricht durchaus anders, zielgerichteter und differenzierter verhalten.

6. Trainingskonzept

6.2.2 Trainingsbausteine

Workshops im Überblick	
Workshop	**Untertitel: Kindlicher Wunsch**
1. Eine gute Erklärung 🎬	„Hilf mir, dass ich das Wort und seine Bedeutung kenne!"
2. Wörter speichern 🎬	„Sprich so, dass ich dich verstehen und die Wörter gut behalten kann!"
3. Den Blick auf gutes Verhalten lenken	„Hilf mir, dass ich mich gut verhalte!"
4. Komplexe Satzstrukturen evozieren	„Zeige mir, welche Sätze ich wann richtig benutze!"
5. Eine Geschichte mit Hand und Fuß 🎬	„Sprich so, dass ich dich verstehen und die Erzählung behalten kann!"
6. In ein Thema einsteigen 🎬	„Ich bin aufmerksam!"
7. Einen Arbeitsauftrag förderlich gestalten	„Sag es mir so, dass ich verstehe, was ich tun soll und das auch machen kann!"
8. Eine Aufforderung für alle verständlich machen	„Sag es mir so, dass ich meine Aufgaben gerne erledige!"
9. Feedback geben 🎬	„Sag es so, dass ich mich unterstützt fühle und motiviert werde, gut weiterzumachen!"

 Verweist auf die entsprechende Filmsequenz auf der Begleit-DVD.

1. Eine gute Erklärung
"Hilf mir, dass ich das Wort und seine Bedeutung kenne!"

Ziel:
Die Teilnehmer/Schüler hören das Wort, sprechen es und kennen die Bedeutung.

Mögliche Schwierigkeiten von Schülern:

Der Schüler …	mögliche Förderbereiche	Ideen zum Einsatz der Lehrersprache
kann ein Wort schlecht durchgliedern und hat deshalb Probleme, es selbst zu sprechen.	phonologisch-phonetischer Prozess	• sprechen in Silben, Klatschen in Silben (im Rhythmus) • deutliche Aussprache und bewusste Mundmotorik • Schrift mit farblicher Kennzeichnung der Silben
hat einen geringen Wortschatz.	semantisch-lexikalische Ebene (Wortschatz)	• Begriff handlungsbegleitend erklären • Synonyme verwenden
hat Probleme zuzuhören.	Konzentration akustisch-auditive Wahrnehmung	• Sprechmelodie einsetzen und durch Akzente Spannung erzeugen • Gesten einsetzen
vergisst das Gesagte schnell.	Konzentration	• Schriftsprache verwenden • das Wort selbst häufig sprechen und wiederholen lassen • Rhythmus nutzen (Bewegung, Gesten)

Vorbereitung/Material:
- Der Trainingsleiter stellt den Teilnehmern verschiedene Fremdwörter/Fachbegriffe mit Bedeutungserklärung zur Verfügung (z. B.: Enkulturation, DNA = Desoxyribonukleinsäure)
- Jeder Teilnehmer wählt einen Fachbegriff aus.
- Die Teilnehmer haben ca. 5–10 Minuten Zeit zur Vorbereitung (Auswahl von Erklärung des Wortes, Auswahl von sprachunterstützenden Instrumenten und nonverbaler Unterstützung). **Dabei berücksichtigen die Teilnehmer die möglichen Schwierigkeiten von Schülern, die ihnen im Unterricht begegnen.**

Verlauf:
1. Ein Teilnehmer präsentiert sein Wort. Dabei spricht er das Wort und erklärt dessen Bedeutung auf differenzierte Art und Weise.
2. Die anderen Teilnehmer sprechen das Wort nach Aufforderung und sagen, was es bedeutet.
3. Der Vorgang wiederholt sich mit anderen Teilnehmern.

Reflexion:
Denken Sie bei der Reflexion an die Schwierigkeiten der Schüler und wie der Lehrer diese mit seiner Lehrersprache berücksichtigt hat.
- Was hat mir beim Verstehen und Behalten der Bedeutung besonders geholfen?
- Was hat mir beim Sprechen des Wortes besonders geholfen?
- Wie wurde das Hören, Behalten und Wiederholen des Wortes unterstützt?

Variation:
Die Erklärung wird zuerst rein verbal präsentiert, dann rein nonverbal und anschließend unter Verbindung beider Instrumente.

2. Wörter speichern
„Sprich so, dass ich dich verstehen und die Wörter gut behalten kann!"

Ziel:
Die Teilnehmer/Schüler können viele neue Wörter behalten und sprechen.

Mögliche Schwierigkeiten von Schülern:

Der Schüler ...	mögliche Förderbereiche	Ideen zum Einsatz der Lehrersprache
hört die Phoneme nicht heraus.	akustisch-auditive Wahrnehmung Konzentration Hörverstehen	• in Silben sprechen • akzentuieren (Sprechmelodie, Rhythmus) • Mundbild zum Abschauen • Schriftbild markieren • Gesten
kann die Phoneme nicht sprechen.	phonologische Durchgliederung Sprechmotorik	• Mimik/Gesten einsetzen, Wörter anschreiben, häufiges Wiederholen (Lehrer und Schüler)
kann die Bedeutung nicht behalten.	Sprachverständnis Speicherfähigkeit Konzentrationsfähigkeit	• passende Gesten einsetzen • Synonyme verwenden • Satz bilden • Lebensweltbezug • Emotionalisierung

Vorbereitung/Material:
- Um möglichst viele Erfahrungen in dieser Übung mit dem Phänomen „neues Wort" zu machen, werden Unsinnswörter ausgewählt.
- Die Teilnehmer wählen ein Wort / mehrere Wörter aus jeder Spalte aus.
- Die Teilnehmer haben ca. 5–10 Minuten Zeit zur Vorbereitung (passende Sprechweisen sollen geübt und Bewegungen ausgedacht werden, die man beim Sprechen benutzen möchte). **Dabei berücksichtigen die Teilnehmer die möglichen Schwierigkeiten von Schülern, die ihnen im Unterricht begegnen.**

zweisilbig	dreisilbig	viersilbig
rela	kapeto	kapetola
noma	lorema	gabodila
godu	giboda	monalura
mera	topika	topakimu
luri	nomari	redomano
lamo	dugeba	debagusi

2. Wörter speichern (Seite 2)

Verlauf:
1. Die Teilnehmer tragen ihre Wörter vor. In der Rolle als Lehrer bieten sie dabei ein sprachliches Modell an.
2. Die Zuhörer wiederholen das Wort / die Wörter. Der Sprecher beobachtet dabei, welche von ihm verwendeten Instrumente beim Wiedergeben kopiert werden.

Reflexion:
Denken Sie bei der Reflexion an die Schwierigkeiten der Schüler und wie der Lehrer diese mit seiner Lehrersprache berücksichtigt hat.
- Wie habe ich mich beim Zuhören verhalten?
- Was hat Lust aufs Nachmachen gemacht?
- Wodurch wurde die Aufmerksamkeit gehalten?
- Was wurde vom Sprecher kopiert?

Variation:
Die Wörter können von den Zuhörern aufgeschrieben werden.

3. Den Blick auf gutes Verhalten lenken
„Hilf mir, dass ich mich gut verhalte!"

Ziel:
Die Teilnehmer/Schüler verhalten sich passend.

Mögliche Schwierigkeiten von Schülern:

Der Schüler ...	mögliche Förderbereiche	Ideen zum Einsatz der Lehrersprache
glaubt, dass er nichts kann.	realistische Selbsteinschätzung	• Lob durch den Lehrer (nonverbal und verbal)
redet laut dazwischen.	Konzentration/Aufmerksamkeit kommunikativ-pragmatische Ebene	• Lehrer gibt nonverbales Zeichen, dass man sich melden muss. • Lehrer spiegelt gutes Verhalten der Mitschüler („Lars meldet sich, Stefanie meldet sich ..."). • Hinweis auf Regelbild (sprachunterstützendes Instrument)
sitzt zu Beginn der Stunde nicht am Platz.	Konzentration/Aufmerksamkeit findet schlecht zur inneren Ruhe	• Mimik/Gesten als Lob für sitzende Schüler und zur Erinnerung, dass man sich hinsetzen soll • Lehrer lobt Schüler: „Gestern hast du dich ganz schnell hingesetzt. Ich bin mir sicher, dass du das heute auch kannst."
ärgert einen anderen Schüler.	Impulskontrolle/Frustrationstoleranz Konzentrationsfähigkeit	• Lehrer geht freundlich und bestimmt zu dem Schüler, setzt eine verbale Grenze (Positionierung, Wortwahl). • DU-orientierte Ansprache • Lehrer bietet Unterstützung bei der Arbeit an. Er fragt, was der Schüler gerade arbeitet und ist interessiert daran.

Vorbereitung/Material:
- Die Gruppe teilt sich auf in Schüler und einen Lehrer.
- Schilder mit besonderen Schwierigkeiten werden sichtbar den Schüler-Teilnehmern umgehängt, z. B.: „Ich rede laut dazwischen, wenn der Lehrer eine Ansage macht." / „Ich sitze nicht am Platz zu Beginn der Unterrichtsstunde." / „Ich stehe ich auf und ärgere einen Mitschüler." / „Ich rede dazwischen."
- Der Lehrer überlegt sich passend zu den Verhaltensmustern Aufforderungen, damit die Schüler zu gutem Verhalten geführt werden bzw. ein gutes Selbstbild von sich haben.[21] **Dabei berücksichtigen die Teilnehmer die möglichen Schwierigkeiten von Schülern, die ihnen im Unterricht begegnen.**

---

[21] siehe dazu Kapitel 5.3 Interventionsstrategien

3. Den Blick auf gutes Verhalten lenken (Seite 2)

Verlauf:
1. Der Lehrer wählt einen Teilnehmer aus, mit dem er in Kontakt tritt. Die Teilnehmer versetzen sich in die Situation des Schülers und spielen diese in Ansätzen nach (Hinweis: Es handelt sich nicht um ein klassisches Rollenspiel. Es geht nur um ein kurzes Abbilden der Situation, sodass der Lehrer die Chance hat, die Techniken einzusetzen.)

2. Der Lehrer setzt eine oder mehrere Techniken nach Bergsson ein (siehe Kapitel 5.3). Zudem achtet er auf die Förderinstrumente der Lehrersprache. Die Information wird in eine konstruktive sprachliche Form gefasst und dem Teilnehmer übermittelt.

Reflexion:
Denken Sie bei der Reflexion an die Schwierigkeiten der Schüler und wie der Lehrer diese mit seiner Lehrersprache berücksichtigt hat.
- Welche Art und Weise der Rückmeldung konnte ich gut annehmen?
- Was hat mir geholfen, den Blick auf das Positive zu lenken (positives Verhalten/Selbstbild)?
- Wie konnten die verbalen Botschaften unterstützt werden, um positives Verhalten zu evozieren?

4. Komplexe Satzstrukturen evozieren
„Zeige mir, welche Sätze ich wann richtig benutze!"

Ziel:
Die Teilnehmer/Schüler wenden Satzstrukturen situativ richtig an und behalten ein sprachliches Format.

Mögliche Schwierigkeiten von Schülern:

Der Schüler ...	mögliche Förderbereiche	Ideen zum Einsatz der Lehrersprache
versteht und behält die Syntax nicht.	morphologisch-syntaktische Ebene Konzentration akustisch-auditive Wahrnehmung	• Syntax deutlich machen durch: farbliche Markierung der Wörter, Pausenstrukturen vor der Zielstruktur und Betonung der Zielstruktur • sich zugunsten der Schüler sprachlich zurücknehmen und sprachlich strukturierte Sprechanlässe schaffen • Satzanfänge vorgeben, um sprachliche Zielstruktur zu evozieren
verwendet die Syntax nicht situativ (Spontansprache).	Der Schüler kann in Übungssituationen die Syntax verwenden. Die Verinnerlichung und der Übertrag in die Spontansprache fällt ihm schwer. Speicherfähigkeit	• sprachliches Modellieren • Satzanfänge und Wortkarten bzw. Bildkarten, die in Übungssituationen verwendet wurden, in der Klasse aushängen und darauf hinweisen (verbal und nonverbal)
verwendet die Syntax nicht richtig im semantischen Kontext.	kein Sprachgefühl Wortschatz	• mit Schüler über Sprache reflektieren • die Kenntnisse des Schülers aufgreifen und eine Brücke zu dem aktuellen Kontext bauen • Syntax richtig sprechen (sprachliches Vorbild) • Assoziation über Wortfeld möglich machen

Vorbereitung/Material:
- Die Teilnehmer sichten die vom Trainingsleiter vorbereiteten sprachlichen Zielsetzungen und wählen aus:
  - Kausalsätze formulieren (Verwendung der Konjunktion „weil" und ggf. Verbendstellung)
  - Fragesätze formulieren
  - eine Meinung vertreten („Ich finde Rauchen schlecht, denn ..." (Verbendstellung))
  - Imperativ verwenden
  - Zeitwörter (zuerst, dann, zuletzt)
- Die Teilnehmer bekommen ca. 5–10 Minuten Zeit zur Vorbereitung (Gestalten eines konkreten Settings mit kurzem Input des Lehrers und Aktivierung der Schüler). **Dabei berücksichtigen die Teilnehmer die möglichen Schwierigkeiten von Schülern, die ihnen im Unterricht begegnen.**
- mögliche Settings: Praktikumssuche, Sportfest vorbereiten, Streit klären, Stundenablauf versprachlichen
- Flipchart oder Stellwand, Karten und Stifte

4. Komplexe Satzstrukturen evozieren (Seite 2)

Verlauf:
1. Der Lehrer gibt einen Einstieg in ein ausgewähltes Thema und verwendet eine bestimmt Zielstruktur.

2. Der Lehrer fordert die Gruppe auf, sich sprachlich unter Zuhilfenahme der sprachlichen Zielstruktur zu äußern.

Reflexion:
Denken Sie bei der Reflexion an die Schwierigkeiten der Schüler und wie der Lehrer diese mit seiner Lehrersprache berücksichtigt hat.
- Was hat mich auf die sprachliche Zielstruktur aufmerksam gemacht?
- Wie konnte ich die sprachliche Zielstruktur gut übernehmen? Was hat mir dabei geholfen?

5. Eine Geschichte mit Hand und Fuß

„Sprich so, dass ich dich verstehen und die Erzählung behalten kann!"

Ziel:
Die Teilnehmer/Schüler behalten und verstehen viele verschiedene Inhalte.

Mögliche Schwierigkeiten von Schülern:

Der Schüler ...	mögliche Förderbereiche	Ideen zum Einsatz der Lehrersprache
kann sich nicht auf das Thema einlassen.	subjektives Konzept Emotionalität	• Hörauftrag • Sprechmelodie erzeugt Spannung • Struktur weckt Emotionen • DU-orientierte Ansprache
kann sich nur kurz konzentrieren.	akustisch-auditive Wahrnehmung Konzentrationsfähigkeit geringe Frustrationstoleranz	• wechselnde Darbietungsformen (Gesten, Bewegung ...) • Fragen stellen • kurze Formulierungen
kann Inhalte nicht behalten.	Speicherfähigkeit	• strukturierte Darbietung des Inhalts • Wörter der Reihenfolge mit Bewegungen unterstützen (zuerst, danach, vorher, aber dann ...) • Schlüsselwörter durch Bilder darstellen und sprachliche Akzente hervorheben
kennt die Wörter nicht.	Sprachverständnis	• Mimik/Gesten einsetzen • Bilder zeigen • passende Gegenstände dazu anbieten • häufiges Wiederholen

Vorbereitung/Material:
• Der Trainingsleiter wählt passend zur Zielgruppe eine oder mehrere kurze Geschichten aus.
• Die Teilnehmer haben ca. 5–10 Minuten Zeit zur Vorbereitung (Lesen und Gestalten der Geschichte, z. B. Bilder einsetzen, Gesten ausdenken). **Dabei berücksichtigen die Teilnehmer die möglichen Schwierigkeiten von Schülern, die ihnen im Unterricht begegnen.**

Verlauf:
1. Die Teilnehmer tragen ihre Geschichte vor.
2. Die Zuhörer erzählen die Geschichte nach oder malen die Inhalte, die sie behalten haben.

Reflexion:
Denken Sie bei der Reflexion an die Schwierigkeiten der Schüler und wie der Lehrer diese mit seiner Lehrersprache berücksichtigt hat.
• Was hat Lust aufs Zuhören gemacht?
• Wodurch wurde die Aufmerksamkeit gehalten?
• Welche Art der Präsentation unterstützte das Behalten und Verstehen?

6. In ein Thema einsteigen
„Ich bin aufmerksam!"

Ziel:
Die Teilnehmer/Schüler hören aufmerksam und konzentriert zu.

Mögliche Schwierigkeiten von Schülern

Der Schüler ...	mögliche Förderbereiche	Ideen zum Einsatz der Lehrersprache
hat keine Lust zum Zuhören, weil er mit seinen Gedanken ganz woanders ist.	subjektives Konzept Emotionalität Konzentrationsfähigkeit	• Fragen offen stellen • Meinungen unbewusst abrufen („Hast du dir schon überlegt?") • an Vorerfahrungen anknüpfen • Spannung durch Intonation erzeugen
hat eine negative Konnotation zur Situation, Person oder zum Thema.	subjektives Konzept zum Thema Beziehungsebene negative Selbsteinschätzung	• eine Ansage machen, die lustig ist, Zustimmung bedarf, gemeinsam formuliert werden kann • Sprechmelodie und Pausen erzeugen Spannung. • Darbietungsformen (Gesten, Bewegung ...) • Schüler/Lehrer sprechen im Wechsel (paraverbal/nonverbal).
versteht die entscheidenden Inhalte nicht (semantische Ebene).	Sprachverständnis	• den passenden Wortschatz verwenden • verständliche Gesten machen • Bilder verwenden
erkennt das Ziel nicht: „Was soll das?"	Motivation Informationsverarbeitung	• Ziel „verkaufen" durch besondere Formulierungen • Negatives nicht formulieren • Ziel durch Anbindung an die Lebenswelt der Schüler deutlich machen • Hörauftrag mit einbauen, wenn ein Vortrag folgt • „Ich brauche auch dich." • Ziel verschriftlichen

Vorbereitung/Material:
- Der Trainingsleiter stellt verschiedene Unterrichtsthemen bereit.
- Die Teilnehmer suchen sich ein Thema aus. Sie haben ca. 5–10 Minuten Zeit zur Vorbereitung des Unterrichtseinstiegs (Lesen und Gestalten). **Dabei berücksichtigen die Teilnehmer die möglichen Schwierigkeiten von Schülern, die ihnen im Unterricht begegnen.**

6. In ein Thema einsteigen (Seite 2)

Verlauf:

1. Der Einstieg wird vorgetragen.

2. Die Zuhörer geben ein Feedback und beziehen sich dabei auf die oben beschriebenen Schwierigkeiten (siehe Reflexion).

Reflexion:

Denken Sie bei der Reflexion an die Schwierigkeiten der Schüler und wie der Lehrer diese mit seiner Lehrersprache berücksichtigt hat.

Z.B.:

a) Ich war aufmerksam, weil …
b) Ich konnte es gut behalten, weil …
c) Ich hatte Lust zuzuhören, weil …

7. Einen Arbeitsauftrag förderlich gestalten

„Sag es mir so, dass ich verstehe, was ich tun soll und das auch machen kann!"

Ziel:
Die Teilnehmer/Schüler setzen komplexe Handlungsvorgänge um.

Mögliche Schwierigkeiten von Schülern:

Der Schüler ...	mögliche Förderbereiche	Ideen zum Einsatz der Lehrersprache
schaltet ab, weil er sich den Arbeitsauftrag nicht zutraut.	Emotionalität realistische Selbsteinschätzung	• motivierende, DU-orientierte Ansprache • Blickkontakt • Rollenwechsel: Der Schüler versucht, den Auftrag zu versprachlichen. • Paradoxe Intervention: Falschaussagen sollen den Schüler zum Mitdenken und Richtigsagen provozieren.
versteht den Arbeitsauftrag bzw. Teile davon nicht.	Sprachverständnis (semantisch-lexikalische Ebene)	• Wörter der Reihenfolge mit Bewegungen unterstützen (zuerst, danach, anschließend, dann ...) • Bilder einsetzen • handlungsbegleitendes Sprechen
gibt keine Rückmeldung über sein Verstehen.	Monitoring des Sprachverstehens	• Fragemuster anbieten (z. B.: Hast du die Wörter nicht verstanden oder hast du die Reihenfolge nicht verstanden?)
kann den Arbeitsauftrag nicht behalten.	allgemeine Speicherfähigkeit	• Bilder, Piktogramme, Cues einsetzen (sprachunterstützende Instrumente)

Vorbereitung/Material:
- Jeder Teilnehmer sucht sich einen Auftrag aus einem Angebotspool aus.
- Die Teilnehmer haben ca. 5–10 Minuten Zeit zur Vorbereitung (Lesen und Gestalten des Auftrages). **Dabei berücksichtigen die Teilnehmer die möglichen Schwierigkeiten von Schülern, die ihnen im Unterricht begegnen.**

Verlauf:
1. Der Auftrag wird vorgetragen.
2. Die Zuhörer geben ein Feedback und beziehen sich dabei auf die oben beschriebenen Schwierigkeiten (siehe auch Reflexion).

Reflexion:
Denken Sie bei der Reflexion an die Schwierigkeiten der Schüler und wie der Lehrer diese mit seiner Lehrersprache berücksichtigt hat.
- Ich habe den Auftrag gut verstanden, weil ...
- Ich kann ihn gut behalten, weil ...
- Ich habe Lust, es zu tun, weil ...
- Ich konnte nachfragen, weil ...

8. Eine Aufforderung für alle verständlich machen
„Sag es mir so, dass ich meine Aufgaben gerne erledige!"

Ziel:
Die Teilnehmer/Schüler folgen der Anweisung des Lehrers und beginnen ihre Arbeit gerne.

Mögliche Schwierigkeiten von Schülern:

Der Schüler ...	mögliche Förderbereiche	Ideen zum Einsatz der Lehrersprache
läuft, ohne zu zögern, los und weiß dann nicht, was er tun soll.	Aufmerksamkeit/Konzentrationsfähigkeit mangelnde Affektkontrolle	• sich in die Nähe des Schülers positionieren • Körperkontakt, z. B. Hand auf der Schulter des Schülers
kann rein verbal gegebene Anweisungen nicht verstehen.	akustisch-auditive Wahrnehmung	• deutliches Mundbild mit Blickkontakt • Verwendung von kurzen Sätzen • bekannten Wortschatz verwenden • neue Begriffe mit Gesten, sprachunterstützenden Instrumenten verdeutlichen • Betonung der Zielwörter und Pausenstrukturen
läuft zu Beginn von Arbeitsaufträgen fast immer zu Mitschülern und stört diese bei der Arbeit.	Empathiefähigkeit Aufmerksamkeitsbedürfnis geringes Selbstwertgefühl	• Der Lehrer geht präventiv zu dem Schüler und spricht ihn an, z. B.: „Du gehst direkt zu der Station. Denk an die Regel: Hände und Füße bleiben bei dir. Ich beobachte das und bin mir absolut sicher, dass du das kannst." Danach lobt der Lehrer nonverbal.
bleibt am Platz sitzen und kann nicht erklären, warum er nicht anfängt.	Monitoring des Sprachverstehens	• Der Lehrer fragt: „Hast du verstanden, was du machen sollst? Gib mir ein Zeichen." Oder: „Was hast du gut verstanden? Weißt du, was ... bedeutet?"

Vorbereitung/Material:
- Die Gruppe teilt sich auf in Schüler und einen Lehrer.
- Die Schilder mit den beschriebenen Schwierigkeiten werden verdeckt hinter die Schüler gelegt.
- Der Lehrer überlegt sich, passend zu den Schwierigkeiten, Aufforderungen, damit die Schüler ihre Arbeit (z. B. Stationsarbeit oder Lernwerkstatt) beginnen.

Ablauf:
1. Der Lehrer gibt jedem Schüler eine angemessene sprachliche Instruktion (ohne Unterbrechung).
2. Die Schüler vermuten ihr Verhaltensmuster und begründen es. Beispiel: „Ich bin der ___, weil du __."

Reflexion:
Denken Sie bei der Reflexion an die Schwierigkeiten der Schüler und wie der Lehrer diese mit seiner Lehrersprache berücksichtigt hat.
- Welche Instrumente wurden vom Sender eingesetzt und wie haben sie auf den Empfänger gewirkt (Fremdwahrnehmung/Selbstwahrnehmung)?
- Was hat mir besonders geholfen zu erkennen, welchen Förderbedarf ich habe?
- Was hat besonders geholfen, die Probleme in der Schlüsselkompetenz auszugleichen?
- Wodurch habe ich Lust bekommen, die Arbeit, z. B. Stationsarbeit oder Lernwerkstatt, zu beginnen?

9. Feedback geben

„Sag es so, dass ich mich unterstützt fühle und motiviert werde, gut weiterzumachen!"

Ziel:
Die Teilnehmer/Schüler können Kritik und Lob gut annehmen. In Zukunft sind sie motiviert, sich besser zu verhalten bzw. gut zu lernen/zu sprechen.

Mögliche Schwierigkeiten von Schülern:

Der Schüler ...	mögliche Förderbereiche	Ideen zum Einsatz der Lehrersprache
behält die Information nicht.	Speicherfähigkeit	• kurze schriftsprachliche Information geben oder Piktogramm verwenden • nonverbales Signal einsetzen • DU-orientierte Ansprache und erinnern
fühlt sich schnell emotional angegriffen.	Emotionalität negatives Selbstbild	• verbal und nonverbal gut gelungene Aspekte loben • positive Formulierungen im Sinne der Zielerreichung nutzen und „nicht" vermeiden
erkennt das Problem nicht.	semantische/lexikalische Ebene Kognition	• richtigen Sprachcode wählen (verbal) • Beispiele geben (Der Schüler sagt: „Das da." Der Lehrer sagt: „Meinst du das Buch oder dein Schreibheft?") • Wiederholen lassen: „Was hast du verstanden?" • sprachunterstützende Instrumente einsetzten (Requisiten, Realgegenstände)

Vorbereitung/Material:
Allen Teilnehmern wird jeweils eine Karte mit einem ausgewählten Problem so auf den Rücken gehängt, dass nur die anderen Teilnehmer die Beschreibung lesen können (Vorschläge für Probleme siehe unten).

Ablauf:
1. Teilnehmer wenden sich einem Partner zu und lesen die Information auf dem Rücken.
   Die Information wird in eine konstruktive sprachliche Form gefasst und dem Partner übermittelt. Das Problem soll dabei angesprochen und positiv umgelenkt werden. **Dabei berücksichtigen die Teilnehmer die möglichen Schwierigkeiten von Schülern, die ihnen im Unterricht begegnen.**
2. Wiederholung von 1. und 2., bis sich alle Teilnehmer gegenseitig ihre Information vermittelt haben.

Vorschläge für die Informationen auf dem Rücken
a. ruft im Erzählkreis dazwischen
b. Probleme mit schriftlicher Division
c. Probleme, ruhig zuzuhören
d. schafft es nicht, während der Aufräummusik fertig aufzuräumen
e. Nichtsprechen vor der gesamten Lerngruppe
f. falsches Aussprechen des Fachbegriffs „multiplizieren"
g. schlägt bei Frust häufig Mitschüler

Reflexion:
Denken Sie bei der Reflexion an die Schwierigkeiten der Schüler und wie der Lehrer diese mit seiner Lehrersprache berücksichtigt hat.
• Welche Art und Weise der Rückmeldungen konnte ich gut annehmen?
• Habe ich mich mit meinem Problem verstanden gefühlt?
• Bin ich motiviert, an meinem Problem zu arbeiten / mich gut zu verhalten / gut weiterzuarbeiten?

7 Reflexion

Um die eigene Sprache im Unterricht sicher und effizient einsetzen und an dieser nachhaltig und selbstwirksam arbeiten zu können, bedarf es einer kontinuierlichen Reflexion.

Folgende Stufen der Reflexion sollten dabei beachtet werden:
1. Sich erinnern: Wie ist es gelaufen?
2. Was war das Ziel der sprachlichen Intervention?
3. Was habe ich erreicht und wodurch habe ich es erreicht?
4. Wenn ich auf mein Ziel (2) schaue, fehlt mir noch …?
5. Mit welchen Instrumenten (Förderinstrumenten der Lehrersprache) kann dies geschehen?
6. Wie könnte ich die nächste Situation anders gestalten?

Um den eigenen sprachlichen Einsatz zu reflektieren, ist man als Lehrer Akteur und Beobachter in ein und derselben Szene. Die sprachlichen Aktionen zielorientiert im Nachhinein zu erinnern, zu analysieren und daraus sinnvolle Alternativen zu entwickeln, ist sehr komplex und bedarf Übung. Eine große Schwierigkeit liegt darin, dass man den Prozess beobachten möchte und sich gleichzeitig in Aktion befindet. So kann es hilfreich sein, die Aufgabe des Beobachtens von der tatsächlichen Handlung zu trennen. Dies kann durch Kollegen geschehen (Selbstwahrnehmung versus Fremdwahrnehmung). Auch Tonbänder oder Filmaufnahmen nehmen den Prozess des Beobachtens wirksam und nachhaltig ab. Selbstverständlich ist es auch möglich, die Reflexion für sich selbst durchzuführen (nur Selbstwahrnehmung möglich).

Der Fokus der Beobachtung sollte grundsätzlich auf nur wenige Handlungen des Unterrichtens gerichtet sein. „Weniger ist mehr" bedeutet hier, sich intensiv einer ausgewählten Unterrichtssituation zu widmen, um den Einsatz der sprachlichen Instrumente zu beobachten und zu reflektieren. Dabei ist es wichtig, den Blick nicht auf ein isoliertes Instrument (z. B.: „Ich beobachte heute nur meine Wortwahl."), sondern auf eine isolierte Handlung zu richten („Ich schaue auf meinen Arbeitsauftrag: Was ist hier die Herausforderung und welche Förderinstrumente setze ich tatsächlich beim Stellen eines Arbeitsauftrages ein? Welche könnte ich verstärken oder reduzieren?").

Man kann diese Reflexion in einer Art Tagebuch, Logbuch oder Sprachportfolio dokumentieren. Auch die Dokumentation durch einfache Karteikarten ist möglich. Diesen Prozess tatsächlich zu verschriftlichen, verstärkt die Verankerung von Gedanken! Als Unterstützungselement stellen die Autorinnen zwei Beobachtungsprotokolle zur Verfügung (siehe Kapitel 7.1):

- Beobachtungsprotokoll „Schlüsselkompetenzen im Unterricht": Die Beobachtung der Fördermöglichkeiten durch die Lehrersprache im Unterricht wird durch die Vorgabe bestimmter Kriterien erleichtert. Da wir uns in der Förderung an den Schlüsselkompetenzen orientieren, werden diese in dem Protokoll in den Fokus genommen.
- Beobachtungsprotokoll „Aktuelle Unterrichtssituationen": Keine Intervention ohne vorherige Situationsanalyse! Um eine passende Förderung anbieten zu können, ist es wichtig, das Problem erst einmal gezielt in den Blick zu nehmen. Die hier angebotene Struktur soll bei der Analyse helfen und die Auswahl der passenden Förderinstrumente unterstützen.

7. Reflexion

7.1 Beobachtungsprotokolle

Beobachtungsprotokoll „Schlüsselkompetenzen im Unterricht"

Name: _____ Beobachtungsdatum: _____

Schlüsselkompetenz	Was habe ich beobachtet?[1]	Interventionsmöglichkeit durch meine Lehrersprache
Konzentration/Aufmerksamkeit		
akustisch-auditive Wahrnehmung		
Assoziation		
Informationsverarbeitung		
visuelle Wahrnehmung		
Monitoring des Sprachverstehens		
Impulskontrolle/Frustrationstoleranz		
Empathiefähigkeit		
realistische Selbsteinschätzung		

[1] siehe Beispiele für Leitfragen zur Beobachtung von Schülern Kapitel 5.1

7. Reflexion

Beobachtungsprotokoll „Aktuelle Unterrichtssituationen"

Beobachtung: Was passiert?	Konkrete Situation: Wie sieht die Situation genau aus? (Detailanalyse)	Vor welchen Herausforderungen steht der Schüler / stehen die Schüler?	Welche Förderinstrumente werden eingesetzt?			
Tim ruft in die Klasse.	• im Morgenkreis • beim Stellen eines Arbeitsauftrages • wenn der Lehrer Anweisungen gibt	• Sprachverständnis: • akustisch-auditive Wahrnehmung und Speicherung • Wortschatz • geringe Frustrationstoleranz	• Tim mit in den Vortrag einbauen (ihn mit formulieren lassen) • Gesten einsetzen • Wortmaterial reduzieren • Bilder und Realgegenstände verwenden • handlungsbegleitendes Sprechen einsetzen			

Christiane Eiberger / Heide Hildebrandt: Lehrersprache richtig einsetzen
© Persen Verlag

7. Reflexion

7.2 Ziele

Aus den Erfahrungen und Beobachtungen mit der eigenen Lehrersprache können sich neue Ideen, Wünsche oder Haltungen ergeben. Um an diesen zu arbeiten, bietet sich eine konkrete Zielerstellung an.

Weiterentwicklung meiner Lehrersprache zur gezielten Förderung und Herausforderung von Schülern

Mein nächstes sprachliches Ziel (Kompetenzformulierung):

Ich formuliere meine Arbeitsaufträge differenziert.

Was will ich damit erreichen?

Schülern das Verstehen des Auftrages erleichtern,

ihnen Lust machen, den Auftrag umzusetzen und

ihnen die Möglichkeit geben, sich den Auftrag selbst zu erschließen

Welche Herausforderungen begegnen mir?

Motivation

visuelle Wahrnehmung

Konzentration/Aufmerksamkeit

realistische Selbsteinschätzung

Woran erkenne ich, dass ich es erreicht habe?

Schüler formulieren den Auftrag selbst.

Schüler fragen konkret nach, was sie nicht verstanden haben.

Schüler wollen gar keine Absicherung, sondern sofort anfangen.

Schüler sagen, ob sie den Auftrag lösen können.

Was will ich dafür tun?

den Auftrag vormachen lassen

den Auftrag unterschiedlich aufbereiten (Bilder, markierte Texte, kurz und trotzdem komplex formulieren, langsam sprechen und gleichzeitig zeigen etc.)

Textbausteine anbieten in Form von: „Ich kann den Auftrag lösen." oder: „An bestimmten Stellen habe ich noch Fragen."

Was brauche ich?

Kollegen zum Beraten und zum Zuschauen

Zeitrahmen zum Ausprobieren (Termin der nächsten Beobachtung):

7. Reflexion

Mein nächstes sprachliches Ziel (Kompetenzformulierung):

_____
_____
_____

Was will ich damit erreichen?

_____
_____
_____

Woran erkenne ich, dass ich es erreicht habe?

_____
_____
_____

Was will ich dafür tun?

_____
_____
_____

Was brauche ich?

_____
_____
_____

Zeitrahmen zum Ausprobieren (Termin der nächsten Beobachtung):

_____
_____
_____

8 Resümee

Es gibt für einen erfolgreichen Einsatz der Lehrersprache in der Förderung keinen fest vorgeschriebenen Weg. Die Wirksamkeit liegt in der Anwendung eines breiten Spektrums an Interventionsmöglichkeiten. Dazu gehört immer eine ganz differenzierte Analyse der Situation und der Fähigkeiten des einzelnen Schülers.

Für diese Analyse sollte der Lehrer die Kompetenzen des Schülers (seine Schlüsselkompetenzen) in den Blick nehmen und an den Stärken aufbauend sprachliche Hilfen anbieten.

So kann er alle gemeinsam und jeden Schüler auf besondere Art und Weise am und im Unterrichtsprozess teilhaben lassen. Der Schüler kann selbst wirksam werden über die sprachliche Begleitung des Lehrers. Es gibt dafür viele gute Ideen, die am Ende jedoch nur durch ein immer wieder erneutes Ausprobieren neu erfahren werden können.

Dazu soll dieses Buch anregen.
Gestalten Sie Ihre Sprache im Unterricht und werden Sie förderlich wirksam. Dabei wünschen wir Ihnen Erfolg und Freude.

9 Literatur zum Thema Lehrersprache

Ahrbeck, Bernd / Willmann, Marc (Hrsg.) (2009): Pädagogik bei Verhaltensstörungen. Ein Handbuch, Kohlhammer Verlag

Bayerisches Staatsministerium für Unterricht und Kultus (2012): Rahmenplan für den Förderschwerpunkt Lernen, München

Behörde für Schule und Berufsbildung Hamburg (2013): Grundlagen und Hinweise. Sonderpädagogische Bildung, Beratung und Unterstützung, in: http://www.hamburg.de/integration-inklusion/downloads/

Berg, Margit (2011): Kontextoptimierung im Unterricht. Praxisbausteine für die Förderung grammatischer Fähigkeiten, Reinhardt UTB-Verlag, 2. Auflage

Bergsson, Marita / Luckfiel, Heide (1998): Umgang mit „schwierigen" Kindern, Cornelsen Scriptor

Bovet, Gislinde (2010): Beratung, Supervision und Coaching – was gehört in die Lehrerausbildung und was sollten Ausbilderinnen können?, in: SEMINAR 4/2010: Beratung Coaching Supervision, bak-Vierteljahresschrift 16. Jahrgang, S. 5–16

Dannenbauer, Friedrich Michael (2006): Grammatik, in: Baumgartner, Stephan / Füssenich, Iris (Hrsg.): Sprachtherapie mit Kindern, 5. Auflage, Reinhardt UTB-Verlag, S. 105–161

dgs-Positionspapier (2014): Glück, C. W./Reber, K./Spreer, M./Theise, A.: Kinder und Jugendliche mit Förderbedarf Sprache und Kommunikation in inklusiven Bildungskontexten, in: Praxis Sprache 1/2014, S. 5–7

Die Zeit (03.05.2007, Nr. 19): Red mit mir! Viel!

Eiberger, Christiane / Hildebrandt, Heide (2013): Lehrersprache im Grundschulunterricht. Trainingsbausteine für eine wirksame verbale und nonverbale Kommunikation, Persen Verlag

Glück, W. Chr. (2000): Kindliche Wortfindungsstörungen. Ein Bericht des aktuellen Erkenntnisstandes zu Grundlagen, Diagnostik und Therapie, 2., durchgesehene Auflage, Verlag Peter Lang, S. 241–257

Heimlich, Ulrich / Wember, Franz. B. (Hrsg.) (2011): Didaktik des Unterrichts im Förderschwerpunkt Lernen. Ein Handbuch für Studium und Praxis, Kohlhammer Verlag, 2. aktualisierte Auflage

Landesinstitut für Lehrerbildung und Schulentwicklung (2013): Referenzrahmen für die Ausbildung von Referendarinnen und Referendaren

Klippert, Heinz (2006): Kommunikations-Training. Übungsbausteine für den Unterricht, Beltz Verlag

Mayer, Andreas (2003): Möglichkeiten der Sprach- und Kommunikationsförderung im Unterricht mit sprachentwicklungsgestörten Kindern, in: Die Sprachheilarbeit, Jg. 48 (1), Februar 2003

Meyer, Hilbert (2004): Was ist guter Unterricht? Cornelsen Scriptor

Molcho, Samy (2001): Alles über Körpersprache – sich selbst und andere besser verstehen, Mosaik-Verlag

Motsch, Hans-Joachim (2006): Kontextoptimierung. Förderung grammatischer Fähigkeiten in Therapie und Unterricht, 2. Auflage, Ernst Reinhardt Verlag

9. Literatur zum Thema Lehrersprache

Plath, Maike (2010): „Spielend" unterrichten und Kommunikation gestalten. Warum jeder Lehrer ein Schauspieler ist, Beltz Verlag

Reber, Karin / Schönauer-Schneider, Wilma (2009): Bausteine sprachheilpädagogischen Unterrichts, Reinhardt UTB-Verlag, S. 45–52

Rubert, Irina / Schönauer-Schneider, Wilma (2008): Unterscheidet sich sprachheilpädagogischer Unterricht vom Unterricht der Allgemeinen Schule?; in: Die Sprachheilarbeit, Jg. 53 (6), Dezember 2008, S. 324–333

Scheller, Ingo (1998): Szenisches Spiel. Handbuch für die Praxis, Cornelsen Scriptor

Schick, A. / Cierpka, M. (2003). FAUSTLOS – Aufbau und Evaluation eines Curriculums zur Förderung sozialer und emotionaler Kompetenzen in der Grundschule, in: Dörr, M. / Göppel, R.: Bildung der Gefühle. Innovation? Illusion? Intrusion?, S. 146–162, Psychosozial-Verlag

Schmitt, Katrin / Weiß, Petra (2004): Sprach- und Kommunikationsverhalten der Lehrkraft als Mittel unterrichtsimmanenter Sprach- und Kommunikationsförderung, in: Grohnfeld, M. (Hrsg.): Lehrbuch der Sprachheilpädagogik und Logopädie, Band 5 Bildung, Erziehung und Unterricht, Kohlhammer Verlag, S. 167–179

Schönauer, Wilma (2008): Monitoring des Sprachverstehens (MSV), comprehension monitoring – Welche Bedeutung hat es für Kinder mit rezeptiven Sprachstörungen?, in: Die Sprachheilarbeit 53 (2000) 2, S. 72–82

Sekretariat der Ständigen Konferenz der Kultusminister der Länder in der Bundesrepublik Deutschland (1998): Empfehlungen zum Förderschwerpunkt Sprache. Beschluss der Kultusministerkonferenz vom 26.06.1998

Sekretariat der Ständigen Konferenz der Kultusminister der Länder in der Bundesrepublik Deutschland (1999): Empfehlungen zum Förderschwerpunkt Lernen. Beschluss der Kultusministerkonferenz vom 01.10.1999

Sekretariat der Ständigen Konferenz der Kultusminister der Länder in der Bundesrepublik Deutschland (2000): Empfehlungen zum Förderschwerpunkt emotionale und soziale Entwicklung. Beschluss der Kultusministerkonferenz vom 10.03.2000

Weinert, Franz E. Hrsg. (2001): Leistungsmessungen in Schulen, Beltz Verlag

Welling, Alfons (2006): Einführung in die Sprachbehindertenpädagogik, Reinhardt UTB-Verlag

Werning, Rolf / Lütje-Klose, Birgit (2012): Einführung in die Lernbehindertenpädagogik, Reinhardt UTB-Verlag, 3. überarbeitete Auflage

Westdörp, Anke (2010): Möglichkeiten des gezielten Einsatzes der Lehrersprache in kontextoptimierten Lernsituationen zum sprachfördernden Unterrichts, in: Die Sprachheilarbeit 1/2010, S. 2–8

Ziener, Gerhard (2008): Bildungsstandards in der Praxis. Kompetenzorientiert unterrichten, Klett Kallmeyer-Verlag